高等职业教育汽车类专业新型活页工作手册式系列教材

系列教材主编：戚文革　邹玉清

汽车整车拆装

侯　壮◎编著

中国铁道出版社有限公司
CHINA RAILWAY PUBLISHING HOUSE CO., LTD.

内 容 简 介

本书为贯彻国务院印发的“职教20条”文件精神，落实“新型活页式、工作手册式”职业教育教材的要求而编写。它是依据学生中心、能力本位、成果导向等理论，充分考虑“1+X”证书要求，融专业教育、课程思政、创新教育于一体，充分体现职业教育是“学习如何工作的教育”的本质要求，面向学生学习，校企双元合作开发的新型活页式、工作手册式能力本位教材。

全书共四个项目，包括拆装发动机整机、拆装汽车底盘系统、拆装汽车电器系统、拆装汽车附属设施。

书中配备视频、动画等电子资源二维码，并配套开发了教学工作页和助教课件等教学资源。

本书适合作为高等职业院校汽车类专业的教材，也可作为有关人员的岗位培训教材。

图书在版编目（CIP）数据

汽车整车拆装/侯壮编著.—北京：中国铁道出版社有限公司，2022.2
高等职业教育汽车类专业新型活页工作手册式系列教材
ISBN 978-7-113-28677-4

Ⅰ.①汽… Ⅱ.①侯… Ⅲ.①汽车-装配(机械)-高等职业教育-教材 Ⅳ.①U463

中国版本图书馆CIP数据核字（2021）第261968号

书　　名：汽车整车拆装
QICHE ZHENGCHE CHAIZHUANG
作　　者：侯　壮

策　　划：尹　鹏　何红艳　　　编辑部电话：（010）63560043
责任编辑：何红艳　绳　超
封面设计：刘　颖
责任校对：安海燕
责任印制：樊启鹏

出版发行：中国铁道出版社有限公司（100054，北京市西城区右安门西街8号）
网　　址：http://www.tdpress.com/51eds/
印　　刷：北京联兴盛业印刷股份有限公司
版　　次：2022年2月第1版　2022年2月第1次印刷
开　　本：787 mm×1 092 mm 1/16　印张：11.75　字数：314千
书　　号：ISBN 978-7-113-28677-4
定　　价：55.00元

编审委员会

作者简介

侯壮，汽车装调高级工，现任教于吉林电子信息职业技术学院汽车工程学院。曾获得学院教师技能大赛三等奖、带领学生获得巴哈大赛优秀奖。2015 年至今教授发动机、底盘机械拆装，发动机电控及整车拆装等专业课，其间在两家汽车维修企业兼职做维修技师、汽车配件销售经理，现入股于一家汽车维修企业。近两年担任汽车专业“1+X”证书制度试点院校执裁人员，主编教材一部。

序

自从2019年国务院发布的《国家职业教育改革实施方案》提出“倡导使用新型活页式、工作手册式教材”之后，教材建设就成为职业教育改革的热词，2020年国家教材建设奖的设立极大地提升了教材的地位，更是将教材建设推到了职业教育改革的浪尖潮头。

教材里有什么？

这是必须明确的一件事。

是不是知识本位教材里有知识而能力本位教材里有能力呢？答案是明确的，无论知识本位教材还是能力本位教材，教材里都只有知识。

区别何在？

知识本位教材是将学科知识从命题概念出发，在空间上按照演绎逻辑进行组织、呈现的。

能力本位教材是将工作知识从具体事物出发，在时间上按照归纳逻辑进行组织、呈现的。

知识本位教材的功能是培养学生演绎推理能力，目的是发现更多知识，探索未知领域。

能力本位教材的功能是培养学生归纳推理能力，目的是处理具体事务，解决现实问题。

这是一个大概的区分，但这是一个直指本源的区分，这一内在逻辑的区别决定了职业教育与普通教育教材类型的基因差异。

职业教育教材应该“长什么样，内容如何呈现，具备什么功能”，是由职业教育类型属性决定的，职业教育就是“学习如何工作的教育”，那么教材就应该呈现“工作原貌”，只有将“工作原貌”呈现出来，才能够实现学习“如何工作”的目的。抓住了这一根本性的问题，就能将职业教育教材与普通教育教材彻底区别开来。

怎样呈现“工作原貌”呢？

任何一项工作都是由六个要素构成的，即工作对象、工作内容、工作手段、工作组织、工作产品和工作环境。

工作六要素所对应的知识，即工作对象知识、工作内容知识、工作手段知识、工作组织知识、工作产品知识和工作环境知识。

对于一项工作，如果将工作六要素知识寻找并罗列出来，合辑成册，是不是可以看作职业教育的教材呢？

按照教材里只有“知识”和职业教育就是“学习如何工作的教育”这两条标准判断，显然这一合辑成册的书无疑就是职业教育的教材。

继续深入分析，工作六要素知识两种有价值的排列方式，一种是并列排列，将六要素知识平铺在纸上就可以了，这是工作六要素知识的静态呈现——这种排列方式并不鲜见，如常见的机械设计手册等。

如果将工作六要素里的工作内容知识按照其在工作中出现的时间顺序排列就会发现，这构成了一项具体工作的职业行动体系，其他五个工作要素知识构成了支撑这个职业行动得以进行下去的职业知识，按照这一逻辑，我们发现工作六要素知识可以如图 1 排列，这样排列的好处就是将工作要素知识的内在联系通过职业行动建立起来了，使工作六要素动态呈现出来，不仅能够更好地表达了“工作原貌”，更是表达了“工作逻辑”，使学习者更易理解“工作本身”以及实现学习“如何工作”这一目的。

职业行动 = 工作内容知识序化	职业知识 = 其余工作五要素知识
1	工作对象知识 工作手段知识 工作组织知识 工作产品知识 工作环境知识
2	
⋮	
n	

图 1　工作六要素知识时序逻辑

仅此还是不够的，职业教育教材不仅要呈现工作要素知识，表达“工作逻辑”，还要服务于学生学习这一根本要求，因此，职业教育教材必须按照认知规律和职业成长规律选取和呈现工作要素知识。

认知规律通常表述为从“从低级到高级，从简单到复杂”，什么是“低级和高级”“简单和复杂”呢？布鲁姆的教育目标分类是我们可以依据的一个科学原理。

本耐、德莱福斯、劳耐尔对职业能力成长规律的研究成果得到了普遍的认同，从初学者 / 新手—生手—熟手—能手—专家 / 高手的职业能力成长的过程中，使我们得以窥见职业教育与普通教育互为起点与终点的正好相反的学习过程。

综上所述，工作要素知识以静态或者动态方式按照认知规律、职业成长规律排列，构成职业教育教材的知识种类与排列的基本的序化逻辑。

本系列教材是以工作要素知识的动态形式，按照认知规律和职业成长规律选取工作内容来组织、呈现工作原貌的。

教材以活页装订、留白处理、多元目录索引、职业行动与职业知识左右对应排版、知识表格化处理，全书用色块区分不同内容等手段，表达重点清晰醒目，并配以二维码视频动画资源，极大地方便了检索查阅，充分体现自主学习功能和手册性质。

同时，以标语彰显、主题镶嵌和星火相融三种方式将创新教育以及课程思政融于专业教育始终，使教材具备了“专业、创新、思政”三育融合的内容与功能。

采用镶嵌、替换方式将“1+X”融入相关内容之中，满足职业技能等级鉴考评定需求。每一个学习项目设置一个迁移性学习考核项目，满足了学分银行学习成果认证需要。

吉林电子信息职业技术学院在汽车专业群、机械专业群、冶金专业群系统开展的提高育人有效性的教学改革中，从 2016 年开始尝试“活页式、工作手册式”教材编写与教学实践，取得了良好效果。

是为序。

戚文革

2021 年 8 月 20 日

前　言

职业教育教材建设进入了新时代。2019年国务院发布的《国家职业教育改革实施方案》（简称“职教20条”）开篇就明确了职教与普教的类型区别，更是第一次以国家文件的高度对教材形式提出了具体要求。职教20条第（九）条“……建设一大批校企‘双元’合作开发的国家规划教材，倡导使用新型活页式、工作手册式教材并配套开发信息化资源。”这背后的逻辑是什么？职业教育教材建设必须思考：新型活页式、工作手册式教材的内涵是什么？职业教育教材如何体现“新型”“活页式”“工作手册式”三个关键要素？“新型活页式、工作手册式”教材须具备什么样的功能？

本书着重把握新型活页式、工作手册式教材的深刻内涵和承载的功能，遵循能力本位、学生中心、成果导向等职业教育基本规律，将专业教育、创新教育、课程思政以及“1+X”融为一体，教材功能指向职业能力培养，充分体现职业教育类型特征。

职业教育是“学习如何工作的教育”。因此，本书将完整展现职业活动的工作原貌作为第一原则，将工作内容序化为职业活动，构成职业行动体系，辅以支撑职业行动的职业知识。为了清晰表达工作原貌，在具体版面设计上，采用横版排版，一页纸分为左右对称两部分，左侧为职业行动，右侧为支撑职业行动得以开展的职业知识。

具体表现：页面左侧为序化的职业活动——作业准备、拆卸、检修、安装，形成职业行动体系，作为教材结构逻辑；页面右侧为支撑职业行动的技术标准、规范、要求、原则、方法、原理等理论知识、技术理论知识、技术实践知识以及经验性知识，其中以技术实践知识为主，并进行表格化处理以方便查阅，体现手册式特征。

全书共分四个项目，包括拆装发动机整机、拆装汽车底盘系统、拆装汽车电器系统、拆装汽车附属设施。

书中配备视频、动画等电子资源二维码，并配套开发了教学工作页和助教课件等教学资源。

每个项目包含四部分内容：第一部分是项目概述，包括项目描述、项目要求、学习目标和学习载体；第二部分是项目实施，包括职业行动、职业知识和任务测评；第三部分是学习考评，包括考评项目、实施准备、验证方法与标准和考评报告；第四部分是课程思政，包括页脚标语、拓展阅读。

本书编写紧紧围绕新型活页式、工作手册式教材本质特征，具备如下特点：

1. 体现能力本位功能，突出职业能力培养

将项目或任务的工作内容序化为完整的工作过程，建立工作六要素（工作对象、工作内容、工作手段、工作组织、工作产品、工作环境）之间的内在联系，展示工作原貌，在完成职业活动

过程中不断积淀职业能力。

2. 体现学生中心思想，以方便学生学习为第一原则

活页装订方便学生增添新知识、新技能以及学习心得，页面留白处理方便学生学习记录，多元目录索引方便学生学习查阅。

3. 体现成果导向教育思想，满足学分银行认证要求

“职教 20 条”第（八）条指出“加快推进职业教育国家‘学分银行’建设，从2019年开始，探索建立职业教育个人学习账号，实现学习成果可追溯、可查询、可转换。”学习成果认定是“学分银行”实施的基础，为此，本书每一个项目最后，都设计了一个学习成果认定考核方案，供师生参考选择。

4. 适应“1+X”证书制度，内容选取参考职业技能等级标准

在“1”的基础上，针对职业要求进行拓展和补充，将汽车职业技能等级标准有关内容及要求有机融入教材中，实现课证融通。

5. 体现“专业 + 思政 + 创新”时代要求，实现三育融合

本书每个项目的页脚采用蕴含思政元素和创新元素的标语式语句，寓教于警示励志语言——标语彰显式。本书选定汽车生产方式进化史、汽车改装发展史、汽车车身发展史、汽车发展史中的各种车门等四篇短文作为创新和思政主题，按此主题选取四个拓展阅读，每个项目一个主题故事，寓教于故事之中——主题镶嵌式。每个任务拓展训练中紧密结合任务内容通过思维导图将思政元素和创新元素融入其中，寓教于水乳交融之中——星火相融式，实现了在专业教育中突出“人的底色”与创新素质的培养目标。

6. 辅以信息化数字资源，教材内容立体呈现

本书配套开发设计了教学工作页、教学课件、任务工单、习题作业及视频、动画等数字资源，方便师生学习查阅。

7. 图文并茂，职业知识表格化处理，突出“手册式”功能

本书编写时选用了大量图例，文字力求简练、通俗，内容简明扼要，职业知识表格化处理，便于快速查阅。

8. 增加新技术、新工艺、新规范，增强教材时效性

本书在选用学习载体和学习内容时，充分考虑涡轮增压、缸内直喷、可变气门升程等既成熟可靠，又代表现阶段我国汽车行业发展的最新成就的汽车新技术，增强了教材的时效性。

9. 校企双元合作开发，充分融入职业要素

本书共分四个项目，侯壮编写了项目一至项目四，初伟为本书编写提供了实际的案例和素材，并合作开发了相关的视频。

本书由韩思栋、李晓松审稿。参加审稿的各位老师对全书进行了认真细致的审阅，并提出了宝贵的意见和建议，在此表示衷心的感谢！

由于编著者水平有限，书中难免有疏漏之处，恳请广大读者批评指正。

编著者

2021 年 8 月

目 录

视频 / 动画目录

项目一　拆装发动机整机

一、项目描述

完成2007款捷达1.6 L ATK 2气门电喷发动机整机拆装作业。

二、项目要求

依据2007款捷达1.6 L手动挡轿车ATK 2气门电喷发动机技术要求与标准，正确使用工具，完成如下检修拆装作业。

（1）检测发动机性能；

（2）整车吊装发动机；

（3）拆装正时带；

（4）拆装配气机构；

（5）拆装曲柄连杆机构。

三、学习目标

（1）能够准确描述发动机总成的组成和功用；

（2）能够准确描述发动机性能检测作业方法；

（3）能够准确描述整车吊装发动机、拆装正时带作业方法；

（4）能够准确描述拆装配气机构、曲柄连杆机构作业方法；

（5）能够规范地对发动机性能进行检测作业；

（6）能够规范地对整车吊装发动机进行拆装作业；

（7）能够规范地对正时带、配气机构、曲柄连杆机构进行拆装作业；

（8）养成自觉遵守技术标准和要求规定、规范操作、安全、环保、“5S”[①]作业的好习惯；

（9）培养踏实做事的职业态度；

（10）能够分辨汽车生产方式变化中的创新要素。

① 5S指整理、整顿、清扫、清洁、素养，下同。

四、学习载体

2007款捷达1.6 L ATK轿车整车。

2007款捷达1.6 L ATK轿车发动机总成，具体见下图。

2007款捷达1.6 L ATK 2气门电喷发动机总成

发动机总成由气缸盖、气缸垫、气缸体及外围传感器及附属设备组成。主要功用：将化学能转变为机械能，是汽车动力的来源。

学习笔记

学习笔记

任务一　检测发动机性能

职业行动

步骤一：作业准备

1. 作业场地

选择带有消防设施的作业场地。

2. 设备设施

2007 款捷达 1.6 L 轿车（整车且能够正常起动）、工具车、零件车。

3. 工量辅具（见表 1-1-1）

表 1-1-1　检测发动机工量辅具

套筒扳手组合套具	火花塞套筒扳手	气缸压力表
指针式扭力扳手	预置力式扭力扳手	机油壶

4. 零件耗材

手套、抹布、防护三件套。

职业知识

气缸压力表

组成	0　60 1　2　3　4　5　6　7　8　9　10　11　12 气缸压力表工作原理图 1—接头；2—单相进气阀；3—橡胶垫；4—弹簧；5、7、10—密封垫；6—钢球；8—压力表；9—阀体；11、12—放气阀
使用方法	• 变速杆置于空挡，启动发动机，水温升至 80℃上下时熄火。 • 用压缩空气吹净火花塞外部的尘土，将气缸压力表装配在 1 缸火花塞座孔上。 • 拔掉油泵熔丝，然后拧动点火开关启动发动机，转速约为 180 r/min。记下压力表读数，测试记录 2 ～ 3 次

实干兴邦，空谈误国。

步骤二：检测发动机性能

（1）环绕被测车辆，仔细观察是否有油、液泄漏情况。

（2）进入驾驶室，确认挡位处于空挡位置，将钥匙插入点火开关，旋至 ACC 挡位，确认油泵正常工作（应能听到从油箱方向传来的“嗡嗡”声，表明油泵已建立油压）。

（3）将钥匙旋至 START 挡点火，怠速运行，观察车辆运行情况，如果平稳，10 min 后熄火，如图 1-1-1 所示。

（4）打开发动机机舱盖，拔下高压缸线，清理火花塞座孔周围，用火花塞套筒旋下各缸火花塞，如图 1-1-2 ～图 1-1-4 所示。

图 1-1-1　捷达 2007 款 ATK 发动机机舱

图 1-1-2　火花塞座孔

图 1-1-3　火花塞

图 1-1-4　高压缸线

点火开关

图示	
功用	用来控制汽车通电、启动、熄火的一种电气开关装置
组成	• LOCK 挡（解 / 锁方向盘）。 • ACC 挡：给部分用电器供电，主要是小功率用电器，如导航灯、阅读灯等，最重要的是给油泵供电。 • ON 挡（工作挡）：点火成功后位于此挡（怠速或行车状态）。 • START 挡（点火挡）

螺栓力矩要求

火花塞力矩	30 N • m

学习笔记

学习笔记

（5）拔掉油泵熔丝或继电器。

（6）拔掉点火线圈插头。

（7）拆卸空气滤清器。

（8）组装气缸压力表，将锥头探头安装在 1 缸的火花塞座孔内，如图 1-1-5、图 1-1-6 所示。

（9）另外一个人进入驾驶室，先检查变速杆是否位于空挡，待检测人员告知启动发动机时，旋动钥匙启动发动机 3 ～ 5 s，不少于四个压缩行程，如图 1-1-7 所示。

（10）检测人员迅速地观察气缸压力表的显示情况（气缸压力表指针保持最大后停止）并予以记录。依次测量 2 缸、3 缸、4 缸的气缸压力并记录，如图 1-1-8 所示。

（11）操作完毕后，将火花塞安装复位、油泵熔丝或继电器复位、空气流量计复位。

图 1-1-5　气缸压力表

图 1-1-6　装有锥形探头的表头

图 1-1-7　变速杆置于空挡

图 1-1-8　气缸压力表表头

油泵继电器	
图示	
功用	• 通常应用于自动控制电路中，它实际上是用较小的电流去控制较大电流的一种自动开关。 • 在电路中起着自动调节、安全保护、转换电路等作用

点火线圈	
图示	
功用	• 通常的点火线圈里面有两组线圈，即初级线圈和次级线圈。 • 初级线圈用较粗的漆包线，次级线圈用较细的漆包线，通常初级线圈一端与车上低压电源（+）连接，另一端与开关装置（断电器）连接；次级线圈一端与初级线圈连接，另一端与高压线输出端连接输出高压电

实干兴邦，空谈误国。

学习笔记

任务测评

一、知识测评

确定本任务关键词，按重要程度进行关键词排序并举例解读。

根据自己对重要信息捕捉、排序、表达、创新和划分权重能力进行自评，满分 100 分（见表 1-1-2）。

表 1-1-2　检测发动机性能知识测评表

序号	关键词	举例解读	评分自定
1			
2			
3			
4			
5			
总分			

二、能力测评

对表 1-1-3 所列作业内容，操作规范即得分，操作错误或未进行操作即零分。

表 1-1-3　检测发动机性能能力测评表

序号	作业内容	配分	得分
1	油泵熔丝、油泵继电器的拆装	20	
2	高压缸线的认识与拆装	20	
3	火花塞的拆装	20	
4	气缸压力表的使用	20	
5	判断各气缸压力值是否正常	20	
总分		100	

三、素养测评

对表 1-1-4 所列素养点，做到即得分，未做到即零分。

表 1-1-4　检测发动机性能素养测评表

序号	素养点	配分	得分
1	安全、环保意识	20	
2	标准、规范意识	20	
3	5S 意识	20	
4	团队协作精神	20	
5	自主学习精神	20	
总分		100	

四、拓展训练

（1）请列举发动机性能检测易出现的问题，分析产生问题的原因并制定解决问题的措施（满分 25 分）。

（2）车辆在打火过程中出现点火困难，偶尔打着火之后，怠速抖动厉害且不稳，有熄火迹象，试根据现象制定检测流程（满分 25 分）。

（3）长城 WEY、瑞虎 8，在大街上跑的越来越多，不仔细看，还以为是合资车呢。这就是民族品牌的实力，不仅颜值极高，更拥有一颗超强的“心”。

国产品牌有了长足的技术进步。请按图 1-1-9 所示思维导图格式，对检测发动机性能的学习收获进行总结，同时列举至少五个国产车技术进步的事例，说明对“实干兴邦”的理解（满分 50 分）。

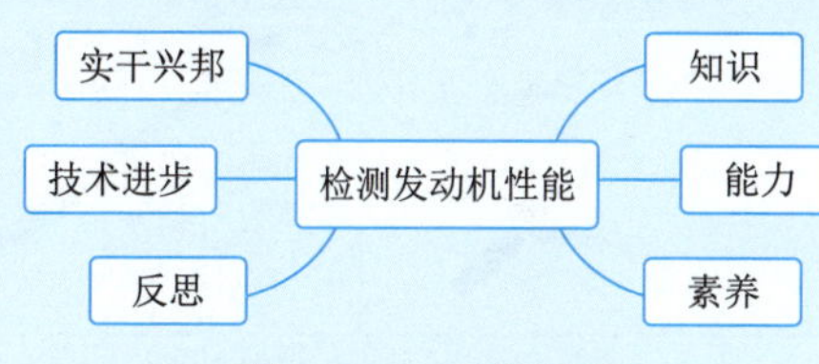

图 1-1-9　思维导图

学习笔记

任务二　吊装整车发动机

职业活动

步骤一：作业准备

1. 作业场地

选择带有消防设施的作业场地。

2. 设备设施

2007 款捷达 1.6 L 轿车（整车且能够正常起动）、工具车、零件车。

3. 工量辅具（见表 1-2-1）

表 1-2-1　检测发动机工量辅具

套筒扳手组合套具	变速器托架	液压小吊
指针式扭力扳手	预置力式扭力扳手	机油壶

4. 零件耗材

手套、抹布、防护三件套。

职业知识

液压小吊	
图示	
功用及使用方法	• 通过液压杠杆将发动机从发动机舱中起吊出来，是汽车维修中常用工具。 • 使用时，将吊车推至发动机舱旁，根据车内的发动机的型号不同，将吊索与发动机上的吊耳相连并锁紧。 • 操作人员均匀地压下液压系统的杠杆，使吊具与吊臂吃力。 • 另外一名或两名操作人员均匀把持发动机总成，使其受力均匀。 • 移动吊车，将吊出的发动机总成吊至操作台上

聚沙成塔，集腋成裘。

步骤二：吊出发动机总成

（1）拆下电喷发动机控制单元 ECU 与各传感器及执行元件之间的连接线路，如图 1-2-1 所示。

（2）拆下空气滤清器，如图 1-2-2 所示。

（3）从蓄电池上拆下接地线（负极），如图 1-2-3 所示。

（4）将暖风开关拨到“暖风”位置，如图 1-2-4 所示。

图 1-2-1　拆卸发动机 ECU

图 1-2-2　拆下空气滤清器

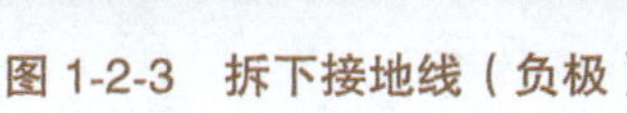

图 1-2-3　拆下接地线（负极）

图 1-2-4　暖风开关拨到“暖风”位置

进气软管

图示	
功用	• ECU 通过各种传感器（包括温度传感器、压力传感器、空气流量传感器、氧传感器、爆震传感器等）收集发动机的各部分工作状态信息，由负责传输的线路发送至 ECU。 • 在 ECU 接收信号后，就会对各种信号进行分析，得知发动机各部件功能处于什么状态，运作情况如何。根据事先写好的程序自动运算，将指令发送到执行元件，命令执行元件工作

蓄电池

图示	
功用	• 蓄电池是汽车起动时及小功率用电器的供电设备，吊装时必须将负极卸下。 • 带自动启停功能的蓄电池拆卸时要格外注意。注意桩头端的腐蚀程度，同时有的车型在拆蓄电池前要求不能断电，有条件的最好对数据进行备份

学习笔记

学习笔记

（5）拧松上水管与气缸体的连接螺栓，取下上水管并拿出节温器，如图 1-2-5 所示。

（6）水泵有三个进口，即自散热器出液口来的称为大循环进口；自暖风出液口进入冷却液泵的第二进口；小循环时的冷却液泵进口。从冷却液泵的大循环进口处拆开，放出防冻冷却液，并用容器收集好，以备今后使用。

（7）从气缸盖冷却液出液口处（往散热器去的一路）拔掉冷却液软管，并保管好夹箍。发动机冷却系统如图 1-2-6 所示。

图 1-2-5　拆卸节温器

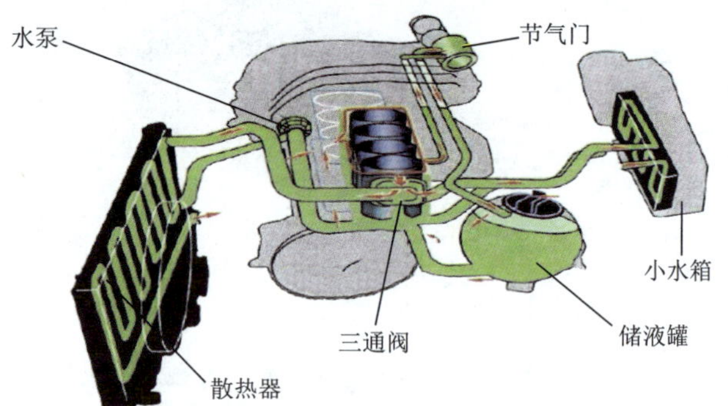

图 1-2-6　发动机冷却系统

节温器	
图示	
功用	• 节温器是发动机冷却系统中大小循环的切换装置。当冷启动时，水温没有上来时，发动机进行小循环；随着温度的升高，节温器弹簧逐渐伸长，节温器逐渐打开，此时大小循环均有。 • 当水温达到正常时（约 87 ℃），节温器全开

水泵	
图示	
功用	• 水泵是冷却液在冷却系统内循环的动力源。 • 水泵带轮挂在正时带上，通过正时带的传动来获得动力。 • 当水泵出现故障时，水温表报警，冷却液会从水泵处喷出，此时尽量安全停车，等待救援

聚沙成塔，集腋成裘。

（8）拆下热敏开关（在三通接头处）和电扇上的连接电线，如图 1-2-7 所示。

（9）松开并拆下散热器顶部左、右角上的固定支架，将散热器连同冷却风扇和护风罩一起整体取出，并妥善放置，如图 1-2-8 所示。

（10）拆卸交流发电机的接线，使其完全脱线，如图 1-2-9 所示。

图 1-2-7　拆下热敏开关

图 1-2-8　拆卸散热器及冷却风扇

图 1-2-9　拆卸交流发电机的接线

散热器	
图示	
功用	• 散热器又称散热水箱，是冷却液将发动机工作产生的热量与外界进行热交换的场所。 • 车主在选择冷却液时，要选择正规厂商的产品，否则会腐蚀冷却管路和散热器，造成高温

发电机	
图示	
功用	• 发电机是汽车上两个电源之一，当汽车正常启动后，它接管蓄电池来给汽车各个用电器供电。 • 发电机是汽车的主要电源，当它启用后，除给用电器供电外，同时向蓄电池充电。 • 当车辆仪表显示蓄电池亏电信号时，除了常规检测蓄电池电压外，还要检测发电机的输出信号，看其是否发电

学习笔记

聚沙成塔，集腋成裘。

学习笔记

（11）从燃油油压调节器上拆下真空管、回油管，如图 1-2-10、图 1-2-11 所示。

（12）拆下燃油滤清器到喷嘴前的进油管。

（13）从点火线圈及缸体上火花塞座孔上拆下四个缸的高压缸线，如图 1-2-12 所示。

图 1-2-10　燃油油压调节器

图 1-2-11　回油管

图 1-2-12　点火线圈及高压缸线（局部）

油压调节器作用

组成部件	作用
弹簧	• 油压调节一个作用是调节供油系统的燃油压力，使系统内的油压保持平衡。 • 另一个作用是缓冲燃油系统在供油时产生的压力波动
阀体	
阀门	

油管的作用

- 油管是汽车中承载燃油的管路。在汽油车中分为进油管（黑色）、回油管（蓝色）、真空管（白色）。
- 由于汽油的特性，油管接头处的密闭性和油管管路的老化及破损，对于行车安全尤为重要

高压缸线技术标准及要求

图示		
标准	桩头端各缸连接顺序	以点火线圈中央突起逆时针依次为 1 缸、2 缸、3 缸及 4 缸桩头
	火花塞座孔端连接顺序	以 1 缸缸线最长、2 缸次之、3 缸和 4 缸再次
要求	• 拆装高压缸线时，要轻轻拧动，不要用力拔取。 • 对于 2 缸及 3 缸缸线的拔取，要辅助用缸线钳拔取，不要硬拉，否则会损坏缸线	

（14）拆卸水温传感器上的接线，并从机油压力开关上拔下连接电线，如图 1-2-13 所示。

（15）松开支架上的紧固螺栓，拆卸下面离合器操纵拉索，如图 1-2-14 所示。

（16）松开发动机左、右支承脚橡胶缓冲块（悬置或机脚）上的固定螺栓，松开发动机前支承脚橡胶缓冲块（悬置或机脚）上的固定螺栓，如图 1-2-15 所示。

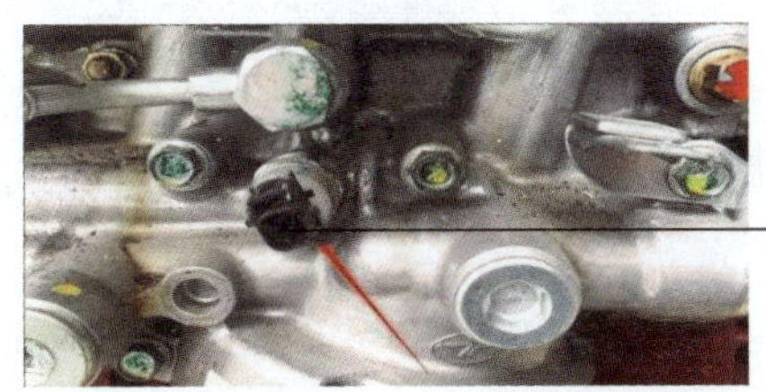

图 1-2-13　机油压力开关

图 1-2-14　离合器操纵拉索

图 1-2-15　发动机机脚

水温传感器	
图示	
功用	• 汽车从冷车到热车的过程中，ECU 通过分析传感器的信号来精准控制喷油量。 • 水温传感器由两根线束连接，一根是信号线，另一根是搭铁线。如果水温传感器信号失真，就会造成喷油信号的失真，间接导致车辆怠速不稳，油耗增加

发动机悬置	
图标	
功能	• 固定并支撑汽车动力总成。 • 承受动力总成内部因发动机旋转和平移质量产生的往复惯性力。 • 承受汽车行驶过程中作用于动力总成上的一切动态力。 • 隔离由于路面不平及车轮所受路面冲击引起的车身震动

学习笔记

学习笔记

（17）拔下气缸盖通向暖风热交换器的冷却液管。

（18）拔下变速器上的车速传感器电线插头，拆卸倒车灯开关，如图 1-2-16 所示。

（19）松开空调压缩机与支架的连接螺栓，取下 V 带（发电机皮带），如图 1-2-17 所示。

（20）移开空调压缩机并使用电线将其悬挂在汽车元宝梁上。

图 1-2-16　拆卸变速器倒车灯开关

图 1-2-17　V 带及空调压缩机（局部）

发电机皮带	
图示	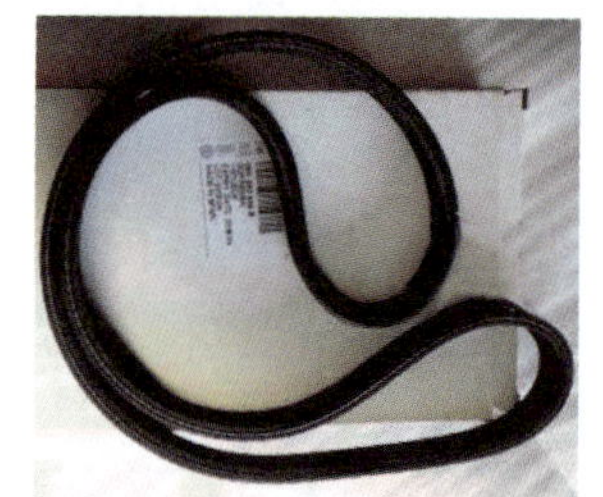
功用	• 发电机皮带又称多楔带，一般连接着发电机带轮、发电机张紧器、空调压缩机带轮、转向助力泵带轮、曲轴带轮。 • 发电机皮带的张紧度调整依靠安装在发电机座上的发电机张紧器来调整

空调压缩机	
图示	
功用	• 空调压缩机可以压缩制冷剂并将制冷剂输送到蒸发箱内，此时空调才可以制冷。 • 汽车空调在制冷时，发动机会带动空调压缩机运转，此时空调压缩机可以不断压缩制冷剂并将制冷剂输送到蒸发箱内，制冷剂在蒸发箱内不断膨胀，被冷却的蒸发箱可以冷却鼓风机吹来的风，空调出风口才可以吹出冷风

聚沙成塔，集腋成裘。

（21）使用 15 mm 开口扳手旋动发电机张紧器，从发电机上取下发电机皮带。

（22）松开转向助力泵带轮的螺栓，拆下转向助泵带轮，如图 1-2-18 所示。

（23）旋下排气歧管的连接螺栓。

（24）旋下发动机与变速器的紧固螺栓，留下一个螺栓定位，如图 1-2-19 所示。

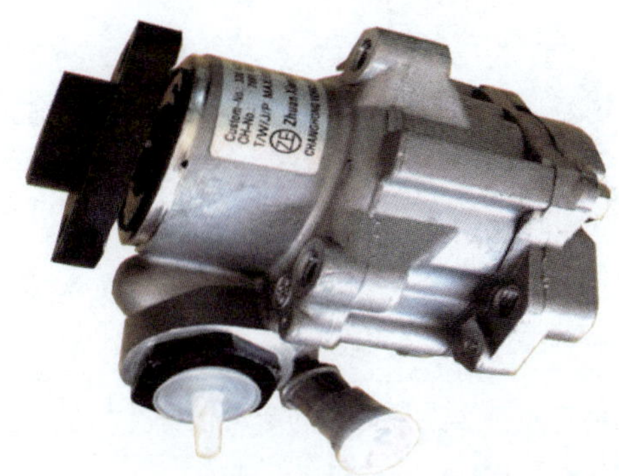

图 1-2-18　转向助力泵

图 1-2-19　发动机与变速器连接

进气歧管	
图示	
功用	• 进气歧管是进气系统的主要总成件，通过节气门连接各缸燃烧室的通道。 • 在进气歧管上会安装进气压力传感器来与 ECU 进行通信。根据进气量，按照空燃比 1∶14.7 来进行喷油

尾排	
图示	
功用	• 尾排是各燃烧室燃烧后的废气排出的通道。包括排气歧管、挠性管、三元催化器等零部件。 • 三元催化器是将尾气进行氧化还原反应的装置，它将 NO_x、CO、HC 化合物氧化还原成 CO_2 和水。安装于其后端的后氧传感器，会将修正信号传给 ECU，以便修正喷油信号

学习笔记

学习笔记

（25）拆卸起动机的三个固定螺栓。注意三个固定螺栓的形状不同，用记号笔标上安装记号，如图 1-2-20 所示。

（26）松开发动机与变速器的连接螺栓。

（27）分离发动机与变速器，如图 1-2-21 所示。

图 1-2-20　起动机固定螺栓

图 1-2-21　分离发动机与变速器

起动机

图示	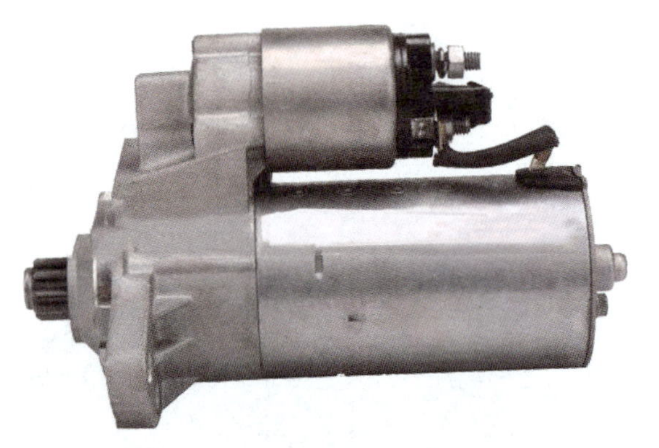
功用	• 起动机是汽车上最常见的起动设备。汽车发动机能够正常工作，均是由起动机来完成的。 • 当驾驶员拧动点火开关至 START 挡或按动一键启动按钮，起动继电器吸合，起动机磁力开关通电，使电动机部分的甩轮向前并顺时针旋转啮合飞轮齿圈，使曲轴飞轮获得能量并旋转，发动机总成工作，此时起动机甩轮回退，完成工作

螺栓力矩要求

起动机与变速器连接螺栓力矩	65 N • m

聚沙成塔，集腋成裘。

（28）拆卸齿形带防护罩（或待吊出整机后拆卸）。

（29）放入吊架。在主轴带轮端插入插销。在飞轮端，将插销插入第 8 号位第 2 孔（标在吊架上的 1 ～ 4 号插孔，对着带轮方向，孔位从吊钩端数起）。插销与吊钩均用弹簧开口销保险。

有时我们只是更换正时带或拆变速器总成而不需要拆下发动机总成，往往要用到一种暂时吊住发动机的吊装工具，这就是发动机平衡架，如图 1-2-22 所示。

（30）起吊发动机稍许，使发动机脱离发动机支座，再次拧紧发动机吊架夹头的支承螺栓，如图 1-2-23 所示。

图 1-2-22　发动机平衡架

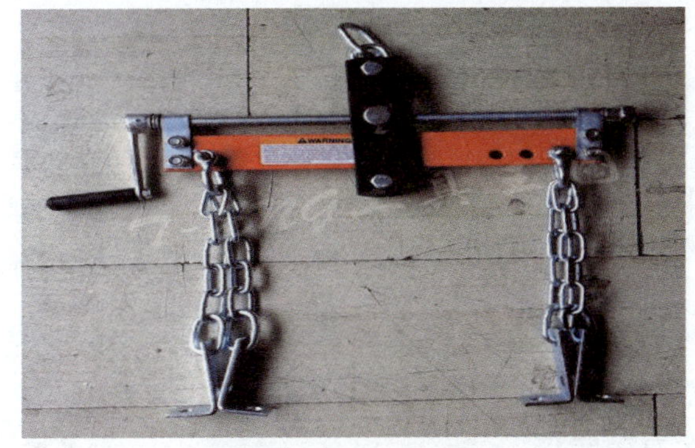

图 1-2-23　发动机吊架

发动机吊架	
图示	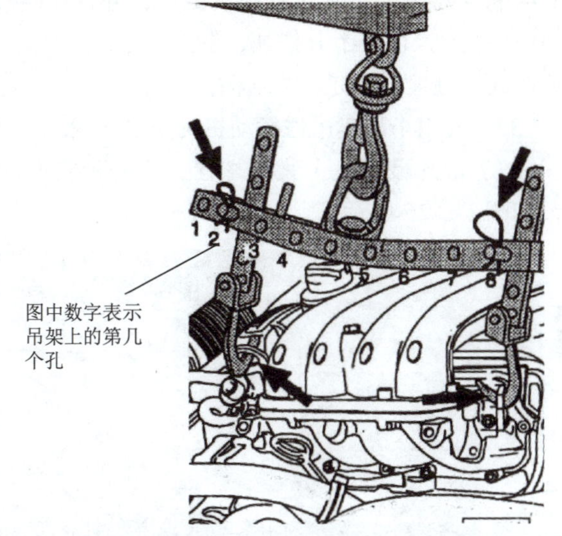
构成及功用	• 发动机吊架是与液压小吊车配套的工具，是一种专用的发动机总成吊装起重设备。 • 液压小吊车一般采用液压方式，承重量为 2 ～ 3 t，由底部支撑座（带万向滑轮）、液压挺杆、起重臂、吊索平衡架及吊索组成。 • 吊钩分别在导轨 2 孔和导轨 8 孔吊装发动机。吊钩和吊架必须用锁止销固定

学习笔记

学习笔记

（31）拔出发动机与变速器的连接螺栓（见图 1-2-24），使发动机与变速器脱离。倾转发动机机体，并将发动机逐渐吊起。这时动作要慢，操作要十分仔细，并随时注意发动机与外界的联系，以免在起吊过程中碰坏有关结构件。

（32）使用小吊车吊住发动机的吊耳。

（33）松开最后一个紧固螺栓，小心地将发动机吊离发动机舱，如图 1-2-25 所示。

图 1-2-24　拔出发动机与变速器的连接螺栓

图 1-2-25　吊出发动机总成

手动变速器	
图示	
构成	• 手动变速器是手动挡汽车变速变矩的传动系统总成，它通过螺栓与安装在曲轴后端的离合器总成连接在一起。 • 整体结构包括离合器壳体、变速器壳体、后罩盖，离合器壳体外延两个差速器法兰。离合器壳体罩在离合器总成上，里面有变速器输入轴、离合器推杆，分离轴承拨叉。 • 变速器壳体包括 1 ～ 4 挡及倒挡相关齿轮及拨叉总成；后罩盖包括 5 挡齿轮及同步器

螺栓力矩要求	
变速器与发动机螺栓力矩	65 N • m

聚沙成塔，集腋成裘。

学习笔记

步骤三：装配发动机总成

（1）在安装时应检查发动机曲轴的定位销是否安装好，如图 1-2-26 所示。

（2）正式修理的汽车，应更换所有的自锁螺母、密封圈、衬垫。

（3）应在变速器输入轴上涂薄薄的一层润滑脂。

（4）检查曲轴后部滚针轴承是否安装上，必要时检查离合器压盘（见图 1-2-27）的对中程度。

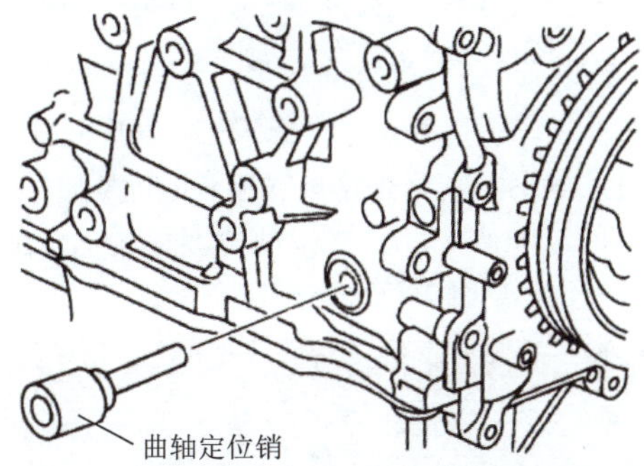

图 1-2-26　发动机曲轴定位销

图 1-2-27　离合器压盘

离合器	
图示	
功用及组成	• 离合器总成是手动挡汽车接合和中断动力输出的传动装置； • 离合器将发动机输出的动力平顺地输出给变速器或在变速器切换挡位时，暂时中断动力输出，以便平顺换挡。 • 离合器总成按从外到内的安装顺序依次为压盘、从动盘及飞轮，中间有一根离合器推杆安装在输出轴内

离合器分离轴承	
图示	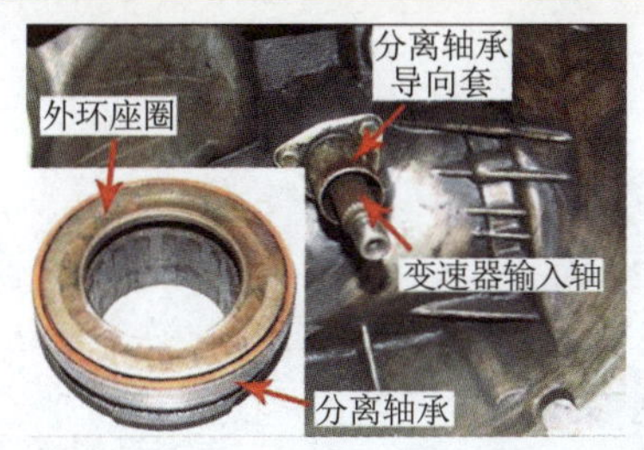
功用	• 分离轴承座松套在变速器第一轴轴承盖的管状延伸部分，通过回位弹簧使分离轴承的凸肩始终抵住分离叉，并退至最后位置。 • 通过分离轴承可以使分离杠杆一边旋转一边沿离合器输出轴轴向移动，从而保证了离合器能够接合平顺，分离柔和

学习笔记

（5）安装发动机支架后，摇动发动机使其安装到位，如图 1-2-28 所示。

（6）调整节气门拉索，使其活动灵活。

（7）将发动机与变速器连接好后，拴好发动机吊耳，用小吊将发动机及变速器吊起至发动机舱内，如图 1-2-29 所示。

图 1-2-28　安装发动机支架及螺栓

图 1-2-29　吊装发动机及变速器至发动机舱内

节气门总成	
图示	
组成及工作原理	• 节气门总成包括节气门体（含阀板）、怠速电动机、节气门拉索、节气门位置传感器。 • 汽车发动机能够正常平稳工作，其中一个依据就是进气量的多少。ECU 根据进气量来进行喷油量的计算，汽油车的标准值是 14.7∶1，也就是 1 份的汽油与 14.7 份的空气混合，才是标准空燃比

变速器托架	
图示	
功用	一般在吊出发动机总成时，发动机与手动变速器是一起吊出的。有时在对发动机进行大修时，只考虑吊出发动机，而不吊出变速器的情形下，变速器托架就应用于此情形

聚沙成塔，集腋成裘。

（8）安装发动机三个支座（机脚），如发现机脚漏油，要予以更换新件，如图 1-2-30 所示。

（9）将发动机吊装到发动机舱内，对准三个机脚，将原装螺栓依次旋入，按照手册要求，用扭力扳手加以相应力矩，使发动机固定在副车架上，如图 1-2-31 所示。

（10）在用变速器托架顶托变速器的同时，要对准变速器与发动机连接处三个螺栓孔，将标有标记的螺栓按照原位置依次插入，先用手依次拧上，用扭力扳手按手册要求力矩拧上螺栓。

图 1-2-30　安装新发动机机脚

图 1-2-31　发动机与底盘副车架相对位置

副车架	
图示	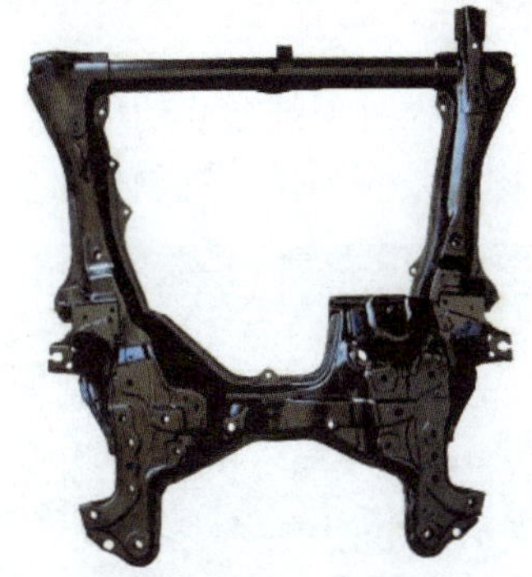
功用	• 元宝梁又称副车架。副车架并非完整的车架，只是支承前后车桥、悬架的支架，使车桥、悬架通过它再与“正车架”相连，习惯上称为“副架”。 • 副车架的作用是阻隔振动和噪声，减少其直接进入车厢，所以大多用在轿车和越野车上，有些汽车还为发动机装上副车架。发动机一般通过机脚与副车架相连

螺栓力矩要求	
发动机机脚拧紧力矩	第一次 65 N·m，第二次 40 N·m，然后再旋转 90°

学习笔记

学习笔记

（11）安装散热器风扇及散热器、冷凝器。如果散热器和冷凝器有杨絮或其他杂物，用高压吹尘枪、细毛刷沿着从上到下的顺序进行清理。

（12）安装变速器外部挂挡联动机构，如图 1-2-32 所示。

（13）安装排气歧管和排气管隔热罩，如图 1-2-33 所示。

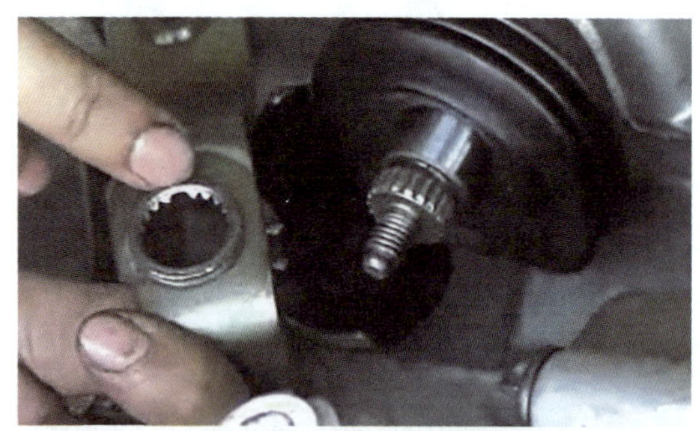

图 1-2-32　安装变速器外部挂挡联动机构

图 1-2-33　安装排气歧管和排气管隔热罩

手动变速器选挡换挡轴	
图示 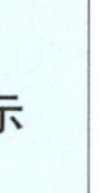	
功用	• 手动变速器选挡换挡总成是变速器外部换挡机构与变速器内部变速机构齿轮进行联动的装置。 • 驾驶员通过在驾驶舱内进行选挡和换挡操作，通过远距离操作机构连接选挡换挡总成来实现挡位的切换

螺栓力矩要求	
散热器冷凝器螺栓力矩	30 N・m

聚沙成塔，集腋成裘。

（14）安装半轴总成，装配下摆臂和轮毂之间的两个螺栓，注意力矩要求，如图 1-2-34 所示。

（15）安装转向助力泵总成，连接进油管、回油管，如图 1-2-35 所示。

（16）整理各种线束，为安装各种传感器做准备。

图 1-2-34　安装半轴总成

图 1-2-35　安装转向助力泵总成

半轴总成	
图示	
组成及功用	• 半轴总成是汽车传动系统的一部分。 • 半轴是将变速器产生的扭矩传递给驱动轮的传动装置。包括：内球笼总成、外球笼总成、传动轴及防尘套组成。 • 内球笼总成通过六个螺栓连接变速器法兰，外球笼总成通过轴承内圈连接羊角。 • 半轴常见的故障是防尘套由于工作时间长而引起老化，出现裂纹，进入灰尘，漏油，出现异响。前驱车型有两个半轴，一个较粗，一个较细，这是由于发动机并不是规则的，需要进行配重的要求。 • 在前驱车型中，半轴离驱动轮较近，发动机的动力经变速器变速变矩后动力损失较少；在后驱车型中，因发动机在前部，中间通过一根传动轴将动力传给后桥，再传给后轮驱动，动力有损失。动力会随着传输距离的增加而衰减

螺栓力矩要求	
半轴螺栓力矩	65 N·m

学习笔记

聚沙成塔，集腋成裘。

学习笔记

（17）安装空调压缩机，注意里面的冷媒已全部泄掉，如图 1-2-36 所示。

（18）安装发动机真空管。

（19）安装发动机油轨并接上进油管及回油管，如图 1-2-37 所示。

图 1-2-36　安装空调压缩机

图 1-2-37　安装发动机油轨

真空管	
图示	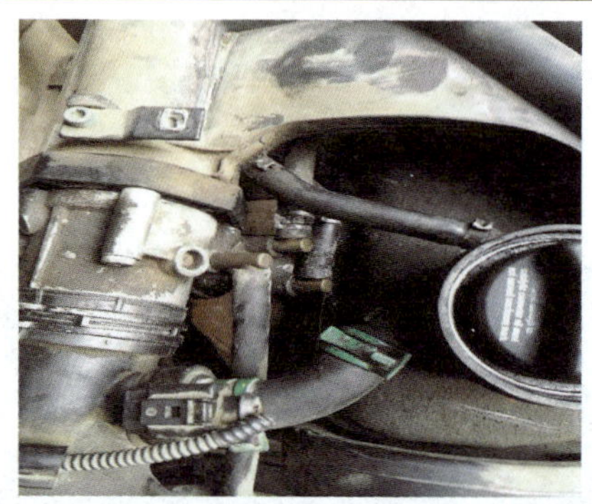
功用	• 真空管安装在进气系统中。发动机进气的真空管如果脱落，会影响发动机运转；尤其是怠速，因为会从脱落的管路进入新鲜空气，这样 ECU 就不能准确计算进气量，通常怠速升高而且大幅波动，怠速不稳。 • 目前发动机的控制系统都有怠速控制功能，ECU 通过自动调节节气门的最小开度或怠速旁通气道的通道面积，最终把发动机的怠速稳定在既定的目标怠速值。 • 当发动机进气管路漏气时，相当于在节气门和怠速旁通气道之外又并联了一个进气通道，而且这个并联气道的通道面积 ECU 控制不了。同时，因为在发动机怠速工况时进气管路的真空吸力最大，所以从这个并联气道漏入的空气数量还相当可观，这就造成了 ECU 对进气量的控制失准

（20）安装起动机、发电机及相关线束，如图 1-2-38 所示。

（21）安装冷却系统水管，如图 1-2-39 所示。

（22）安装空气滤清器总成。

图 1-2-38　安装起动机、发电机及相关线束

图 1-2-39　安装冷却系统水管

冷却系统	
图示	电动风扇 散热器 气缸体水套 水泵 节温器 水温高时， 节温器打开 接热交换器 冷却液膨胀箱 接暖风装置 发动机水套排气管 水温低时， 节温器关闭
组成及功用	• 冷却系统水管分为上水管、下水管和四通管。 • 上水管一端连接发动机缸体上节温器，另一端连接散热器。 • 下水管一端连接缸体水套，另一端连接散热器下端，从发动机缸体伸出两根水管与暖风水箱相连，水管与缸体和散热器、缸体相连部分用管箍密封。 • 汽车发动机的工作循环是在高温下进行的，进入气缸的混合气燃烧时的温度最高可达 2 000℃以上。此时发动机的活塞、缸体、气缸盖、气门等部件与高温可燃混合气接触而强烈受热，此时发动机如果得不到有效降温会使其机械强度变差。 • 过高的温度还会使润滑油烧损及变质，高温情况下会使气缸内间隙变小，破坏油膜的保护，造成润滑能力下降，严重时还会引起黏着磨损、卡死（拉缸）故障

学习笔记

学习笔记

（23）安装蓄电池。现在有的车型蓄电池不能断电，建议拆装前，用诊断仪将行车信息写入 U 盘后再断电，否则要进行二次匹配，如图 1-2-40 所示。

（24）加注新冷却液、新机油（5W-30 型号），检查是否有油液泄漏，如图 1-2-41 所示。

（25）清点工具，废弃物料回收，现场进行 5S 作业。

图 1-2-40　安装蓄电池

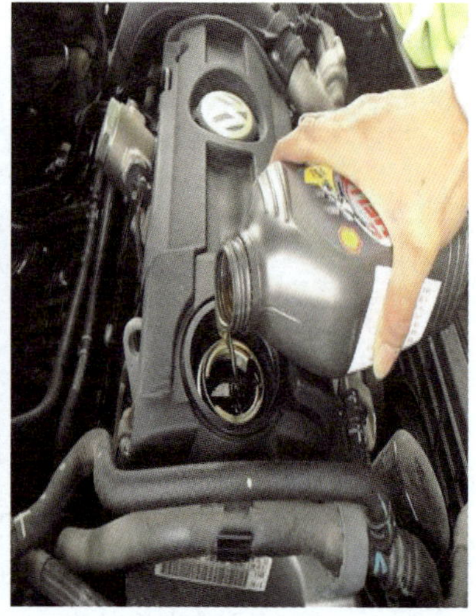

图 1-2-41　加注新冷却液、新机油

发动机仪表	
图示	
功用	• 观测车辆是否能正常启动，怠速是否平稳（观察转速表指针是否指示在 800 r/min 位置上，从“0”上数第 4 个格位置）。 • 如仪表出现蓄电池图标且闪烁，且车辆自检后不熄灭，可以考虑蓄电池本身亏电，另外可考虑发电机不发电造成蓄电池亏电。可用万用表测量发电机输出电压是否在正常范围内来予以判断。 • 车辆上路行驶一段时间（一般为 15 min 左右），观测水温表指针是否有摆动（从“0”位置开始上移）

聚沙成塔，集腋成裘。

学习笔记

任务测评

一、知识测评

确定本任务关键词，按重要程度进行关键词排序并举例解读。

根据自己对重要信息捕捉、排序、表达、创新和划分权重能力进行自评，满分 100 分（见表 1-2-2）。

表 1-2-2　吊装整车发动机知识测评表

序号	关键词	举例解读	评分自定
1			
2			
3			
4			
5			
总分			

二、能力测评

对表 1-2-3 所列作业内容，操作规范即得分，操作错误或未进行操作即零分。

表 1-2-3　吊装整车发动机能力测评表

序号	作业内容	配分	得分
1	从发动机舱拆卸发动机总成	20	
2	发动机冷却系统各零件拆装	20	
3	起动机、离合器拉索、选挡换挡机构拆装	20	
4	卡簧钳及套筒扳手的正确使用	20	
5	检测发动机装配后的性能	20	
总分		100	

三、素养测评

对表 1-2-4 所列素养点，做到即得分，未做到即零分。

表 1-2-4　吊装整车发动机素养测评表

序号	素养点	配分	得分
1	安全、环保意识	20	
2	标准、规范意识	20	
3	5S 意识	20	
4	团队协作精神	20	
5	自主学习精神	20	
总分		100	

四、拓展训练

（1）请列举吊装整车发动机易出现的问题，分析产生问题的原因并制定解决问题的措施（满分 25 分）。

（2）安装发动机后，试车时，发动机仪表出现蓄电池闪烁故障码，试根据现象制定检测流程（满分 25 分）。

（3）纵观我国汽车发动机的发展史，从模仿到拥有自主知识产权，走过了一条铺满荆棘的路，在不断地学习再学习过程中，民族车企，如长城、奇瑞、吉利、红旗的自主品牌发动机性能逐渐获得市场认可。

请按照图 1-2-42 所示思维导图格式，对吊装发动机的学习收获进行总结，同时用集腋成裘举例说明国产发动机的进步（选取五款发动机）（满分 50 分）。

吊装整车发动机
模仿创新
集腋成裘
反思
知识
能力
素养

图 1-2-42　思维导图

视频

1-1 发动机吊装设备的使用

聚沙成塔，集腋成裘。

学习笔记

任务三　拆装正时带

职业行动

步骤一：作业准备

1. 作业场地

选择带有消防设施的作业场地。

2. 设备设施

2007 款捷达 1.6 L 轿车（整车且能够正常起动）、工具车、零件车。

3. 工量辅具（见表 1-3-1）

表 1-3-1　拆装正时带工量辅具

套筒扳手组合套具	张紧轮	正时带套件
指针式扭力扳手	预置力式扭力扳手	卡簧钳

4. 零件耗材

手套、抹布。

职业知识

张紧轮

张紧轮	
图示	
功用	控制带的张紧力而压在带上的随动轮。它是带传动的张紧装置，当带的中心距不能调节时，可以采用张紧轮将带张紧
工作原理	• 带轮靠摩擦力传动，在工作一段时间后被拉长变松，容易打滑，必须重新张紧。 • 如果两传动轮的中心距无法调整，则必须使用张紧轮以保证正常传动而不致打滑。 • 张紧轮利用弹簧或油压等产生一个将带绷紧的力，使得带能以合适的压力压在工作带轮上。 • 张紧轮张紧力不能过小，过小会让带与工作轮间摩擦力变小，最终导致带打滑。同样，张紧轮张紧力不能过大，过大的张紧力会让带负荷加大，导致带损坏，同时导致工作轮的轴承损坏

管理出效率。

步骤二：拆卸正时带

（1）用 17 mm 开口扳手压下发电机张紧器凸起，使多楔带松脱，如图 1-3-1 所示。

（2）用 13 mm 套筒扳手拧松正时中护罩及下护罩三颗螺钉，如图 1-3-2 所示。

（3）用 17 mm 套筒扳手拧松曲轴带轮固定螺栓，取下带轮，如图 1-3-3 所示。

（4）用 13 mm 套筒扳手拧松张紧轮固定螺母，取下正时带，如图 1-3-4 所示。

图 1-3-1　发电机张紧器

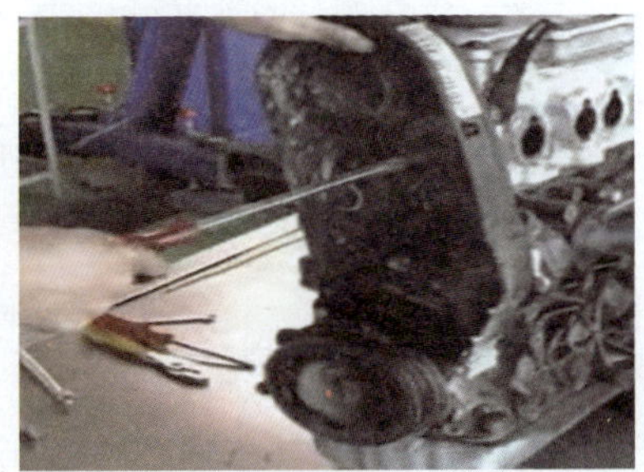

图 1-3-2　拆卸正时护罩

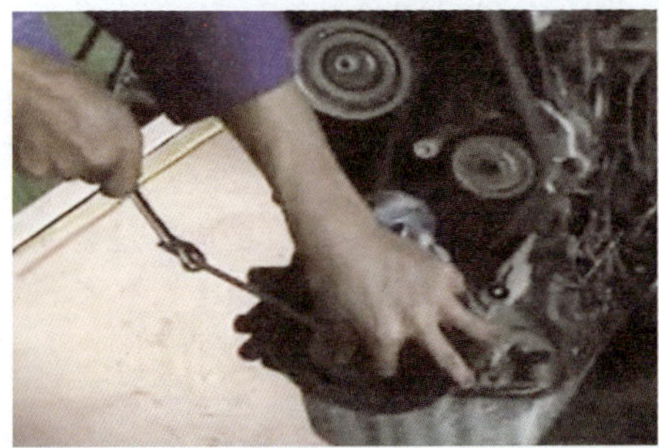

图 1-3-3　拆卸曲轴带轮

图 1-3-4　取下正时带

学习笔记

正时带

图示	
功用	通过与曲轴的连接并配合一定的传动比来保证进、排气时间的准确
工作原理	• 汽车发动机工作过程中，在气缸内不断发生进气、压缩、做功、排气四个行程，并且每个行程的时机都要与活塞的运动状态和位置相配合，使进气与排气及活塞升降相互协调起来。 • 正时带在发动机里面扮演了一个“桥梁”的作用，在曲轴的带动下将力量传递给相应机件。 • 通过发动机转速输出的动力，通过正时带的连接凸轮轴，来控制进、排气门的开关。控制发动机的四个行程

螺栓力矩要求

曲轴带轮螺栓力矩	40 N · m

学习笔记

步骤三：装配正时带

（1）将张紧轮安装在发动机上。

（2）将正时带挂接到凸轮轴正时带轮曲轴正时齿轮、水泵带轮及张紧轮上，如图 1-3-5 所示。

（3）用 17 mm 套筒扳手顺时针旋转曲轴颈，使凸轮轴正时带轮上的正时点对准正时上护罩上的向下箭头（有 OT 字样）。

（4）在对准凸轮轴正时点的同时，旋转曲轴颈，使曲轴带轮上的豁口对准曲轴正时壳上的正时标记，如图 1-3-6 所示。

（5）再一次顺时针旋转曲轴一周。

（6）用卡簧钳逆时针旋转张紧轮偏心圆部分，直至旋到指针（豁剪部分的上边缘）与基准点（豁口的中心点）在一条直线上，迅速用 13 mm 套筒扳手旋紧张紧轮的固定螺母，此时的位置就是 1 缸活塞的上止点位置，也就是配气正时点，如图 1-3-7 所示。

图 1-3-5　装配正时带

图 1-3-6　对正凸轮轴正时

图 1-3-7　调整张紧度

调整凸轮轴、曲轴正时点	
图示	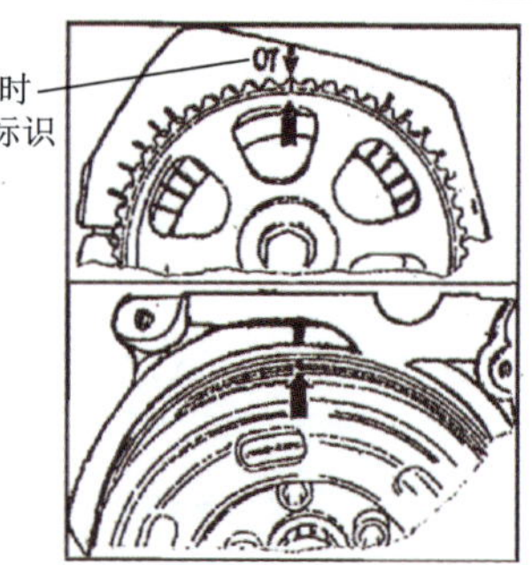
操作规范	• 旋转曲轴带轮一周，此时 1 缸活塞处于上止点位置，使曲轴带轮上的豁口对正正时盘的豁点记号。 • 使凸轮轴带轮上的豁口对正正时上护罩上的箭头

调整张紧度	
图示	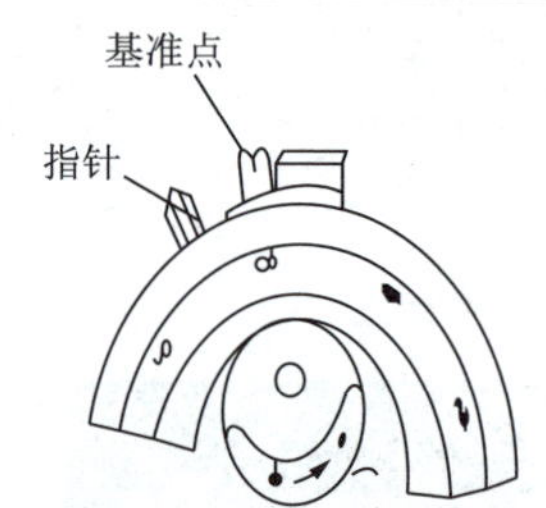
操作规范	用卡簧钳旋转偏心轮时，指针（豁剪）与基准点（豁口）对正时，不要过也不要拧不到位，否则会造成带过紧或过松

螺栓力矩要求	
张紧轮螺栓力矩	30 N·m

管理出效率。

步骤四：正时带常见误操作及解决方法

（1）张紧度过紧。也即张紧轮上的指针中央突起的上边缘跨过了基准点的中间位置而偏上，此时为过紧，现象为发动机皮带“吱吱”啸叫，尤其是在冷车启动时尤为明显。

解决方法：

第一种方法：除冬季外，在车未启动时，打开发动机舱盖，卸下正时上护罩，浇上些许水，声音可消失，如过段时间声音又出现，应考虑第二种方法，如图 1-3-8 所示。

第二种方法：更换新的正时带套件。先查看公里数，如果公里数达到六万以上时，必须及时更换。

（2）张紧度过松。现象为点火不成功，有跳齿产生。

解决方法：调整张紧度，如图 1-3-9 所示。

图 1-3-8　拆下正时护罩的正时机构

图 1-3-9　用卡簧钳调整张紧度

正时带常见损伤——正时带断裂	
图示	
故障原因	• 张紧度过紧，导致带断裂。 • 未正常保养及更换正时带

正时带常见损伤——顶气门	
图示	
故障原因	• 张紧度过紧，导到带断裂，顶进气门。 • 由于活塞运行至上止点时，此时进气门恰好至打开状态，与活塞头部的距离最近，此时如果正时带断裂，由于惯性的作用，进气门与活塞头部瞬间会产生碰撞，进气门就会被顶弯，而活塞头部会划伤

学习笔记

学习笔记

任务测评

一、知识测评

确定本任务关键词，按重要程度进行关键词排序并举例解读。

根据自己对重要信息捕捉、排序、表达、创新和划分权重能力进行自评，满分 100 分（见表 1-3-2）。

表 1-3-2　拆装正时带知识测评表

序号	关键词	举例解读	评分自定
1			
2			
3			
4			
5			
总分			

二、能力测评

对表 1-3-3 所列作业内容，操作规范即得分，操作错误或未进行操作即零分。

表 1-3-3　拆装正时带能力测评表

序号	作业内容	配分	得分
1	拆卸正时带	20	
2	凸轮轴及曲轴带轮正时点的对正	20	
3	张紧度的调整	20	
4	卡簧钳及套筒扳手的正确使用	20	
5	判断 1 缸上止点位置的操作	20	
总分		100	

三、素养测评

对表 1-3-4 所列素养点，做到即得分，未做到即零分。

表 1-3-4　拆装正时带素养测评表

序号	素养点	配分	得分
1	安全、环保意识	20	
2	标准、规范意识	20	
3	5S 意识	20	
4	团队协作精神	20	
5	自主学习精神	20	
总分		100	

四、拓展训练

（1）请列举拆装正时带易出现的问题，分析产生问题的原因并制定解决问题的措施（满分 25 分）。

（2）装配正时带时，发现正时带过松，试根据现象制定检测流程（满分 25 分）。

（3）请按照图 1-3-10 所示思维导图格式，对拆装正时带的学习收获进行总结，搜集正时带的技术进化史，阅读本项目拓展阅读内容，感受汽车生产模式的变化与社会发展（满分 50 分）。

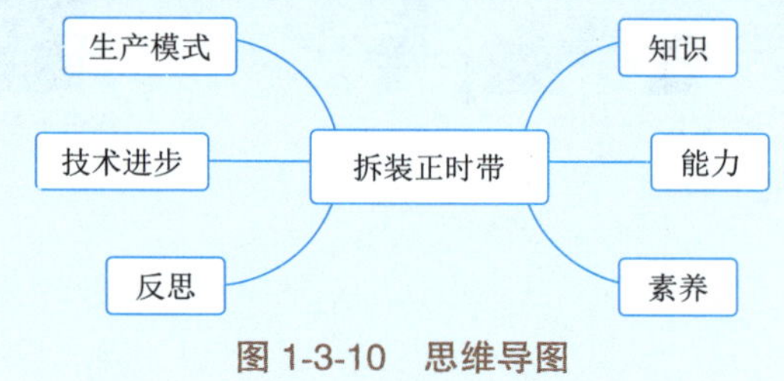

图 1-3-10　思维导图

视频

1-2 发动机正时带的拆装与调整

管理出效率。

任务四　拆装配气机构

职业行动

步骤一：作业准备

1. 作业场地

选择带有消防设施的作业场地。

2. 设备设施

2007 款捷达 1.6 L 轿车（整车且能够正常起动）、工具车、零件车。

3. 工量辅具（见表 1-4-1）

表 1-4-1　拆装正时带工量辅具

套筒扳手组合套具	百分表	磁性表座
指针式扭力扳手	**预置力式扭力扳手**	**卡簧钳**

4. 零件耗材

手套、抹布、防护三件套。

职业知识

配气机构

图示	
功用	• 定时开启和关闭各气缸的进、排气门，使新鲜的可燃混合气（汽油机）或空气（柴油机）得以及时进入气缸，废气得以及时从气缸中排出。 • 在压缩与做功行程中，关闭气门可保证燃烧室的密封
工作原理	• 凸轮轴转动时，当凸轮的基圆部分与挺柱接触时，挺柱不升高，挺柱以上的传动件不动作，气门是关闭的。 • 当凸轮的凸起部分与挺柱接触时，便开始将挺柱顶起，于是气门被打开。当凸轮的最大凸起处与挺柱接触时，气门达到最大开度。随后，凸轮与挺柱接触表面的凸起开始逐渐变小，气门在气门弹簧的作用下开始上升关闭，并反向推动摇臂等传动杆件，使挺柱下移并保持与凸轮接触。 • 当凸轮凸起部分离开挺柱时，气门完全关闭

学习笔记

步骤二：气缸盖及附件拆卸

（1）关闭点火开关后，拆除蓄电池接地线。

（2）排净冷却液。

（3）将冷却液软管（四通管）从缸盖上的连接管上拔下，如图 1-4-1 所示。

（4）拆下进气歧管上部，如图 1-4-2 所示。

（5）用干净抹布堵住气缸盖上的进水管。

（6）拆下火花塞插头并松开高压点火线的卡箍。

图 1-4-1　拔下冷却液软管

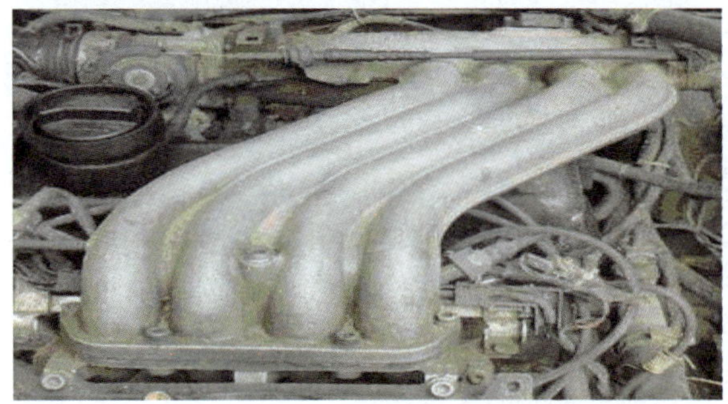

图 1-4-2　拆下进气歧管上部

配气机构

组成	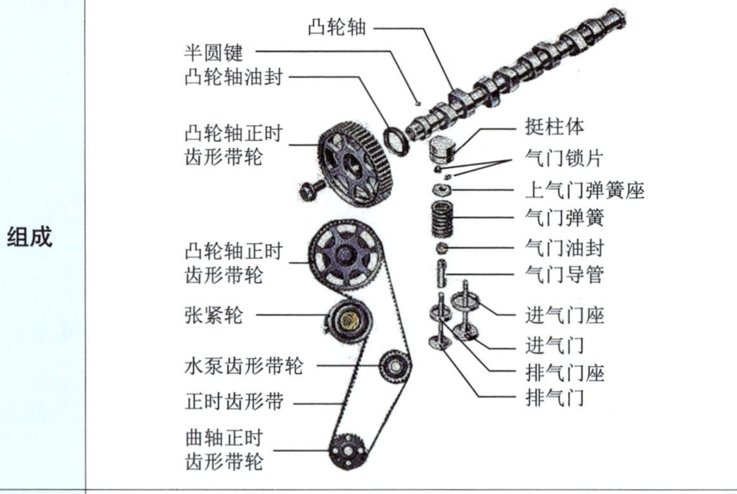
零件构成	• 配气机构都可分为气门组和气门传动组两大部分。 • 气门组包括气门及与之相关联的零件：气门锁片、气门弹簧座、气门弹簧、气门油封、气门导管、进气门、排气门等。 • 气门传动组是从正时齿轮开始至推动气门动作的所有零件，包括凸轮轴、挺柱、凸轮轴正时齿轮、张紧轮、水泵齿形带轮、正时带、曲轴正时齿轮等

任何一个点子，哪怕不实用，也是创新。

（7）拔下凸轮轴位置传感器、冷却液温度传感器、空调热敏开关、喷油器的插头。

（8）松开燃油分配器的电线卡箍。

（9）拔下燃油压力调节器上的真空软管，如图 1-4-3 所示。

（10）拔下燃油分配器上的供油和回油软管。

（11）拆下线束支架和连接管 / 气缸盖上的冷却液管路，如图 1-4-4 所示。

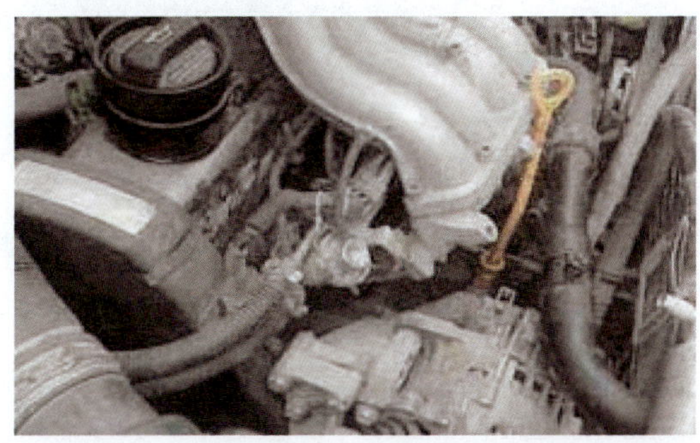

图 1-4-3　拔下燃油压力调节器上的真空软管

图 1-4-4　拆卸气缸盖上的冷却液管路

凸轮轴位置传感器	
图示	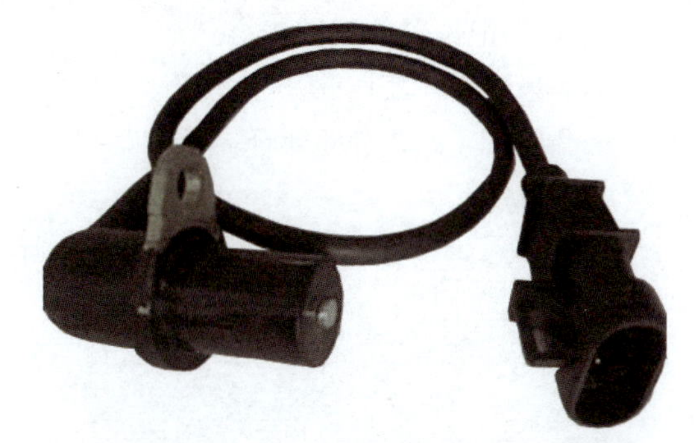
功用、故障现象及检测	• 凸轮轴位置传感器又称同步信号传感器。它是一个气缸判别定位装置，向 ECU 输入凸轮轴位置信号，是点火控制的主控信号。 • 凸轮轴位置信号还用于发动机启动时识别出第一次点火时刻。因为凸轮轴位置传感器能够识别哪一个气缸活塞即将到达上止点，所以又称气缸识别传感器。 • 其信号一旦失真，会造成点火困难，即使点火成功，怠速也会不稳而造成熄火。 • 当凸轮轴位置传感器出现故障使信号中断时，用故障诊断仪可以检测出故障信息，从而显示出凸轮轴位置传感器故障。它包括两种检测方法：传感器电源电压的检测和导线电阻的检测

学习笔记

（12）从排气管接头上拧下前排气管，如图 1-4-5 所示。

（13）按发动机转动方向拧齿形带轮端的中央螺钉，将曲轴转到第一缸上止点标记位置，如图 1-4-6 所示。

（14）拆下齿形带（正时带）上护罩。

（15）从凸轮轴正时齿轮上取下齿形带。

图 1-4-5　拧下前排气管

图 1-4-6　拧齿形带中央螺钉

正时护罩	
图示	
组成及安装注意事项	• 整个正时护罩分为上、下两块，上面的罩着凸轮轴正时带轮、张紧轮和部分正时带；下面的罩着水泵带轮、曲轴正时齿轮和部分正时带。 • 在拆装正时护罩时，注意上面有螺栓固定标记，用一字螺丝刀旋转来解或锁，并注意上面有卡扣，要轻轻撬动

螺栓力矩要求	
曲轴带轮固定螺栓力矩	65 N·m

　任何一个点子，哪怕不实用，也是创新。

（16）拧松气门室罩螺栓并取下气门室罩。

（17）取出导油板，如图 1-4-7 所示。

（18）按顺序松开并拧下气缸盖螺栓，如图 1-4-8 所示。

（19）轻轻取下气缸盖。

（20）取出气缸垫，如图 1-4-9 所示。

图 1-4-7　取出导油板

图 1-4-8　拆卸气缸盖螺栓

图 1-4-9　取出气缸垫

拆卸气缸盖螺栓

图示	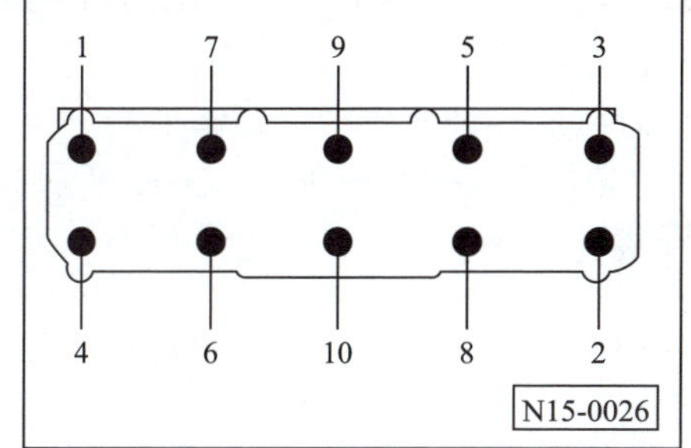
要求	拆卸气缸盖螺栓时，用专用工具配合扭力扳手分两次按图所示顺序从两边往中间拧松螺栓

装配气缸盖螺栓

图示	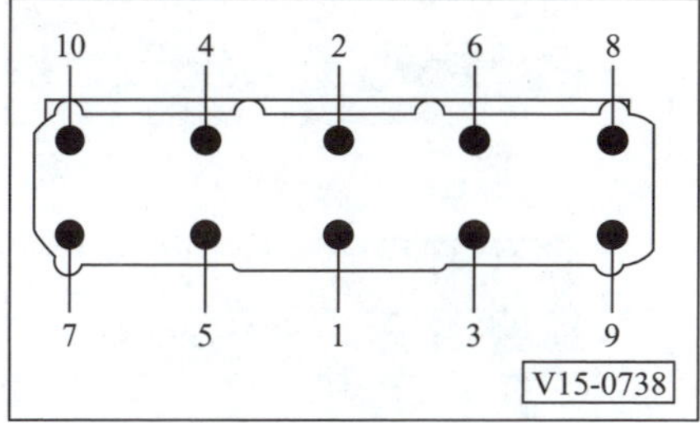
要求	装配气缸盖螺栓时，用专用工具配合扭力扳手，分两次按图所示顺序由中间往两边旋紧，注意每个螺栓拧紧力矩为 40 N·m，然后再拧四分之一圈

螺栓力矩要求

气缸盖螺栓力矩	用 40 N·m 力矩分两次拧紧，第二次拧紧再旋转 90°

学习笔记

学习笔记

步骤三：拆卸气缸盖及附件

（1）将刀口尺、塞尺及气缸体平面用干净的棉线抹布擦拭干净，如图 1-4-10 所示。

（2）将刀口尺轻轻地放在气缸体平面上，根据“维修手册”的数据选择合适厚度的塞尺，如图 1-4-11 所示。

（3）将塞尺的塞片沿刀口尺与气缸体平面之间进行插试，如图 1-4-12 所示。

（4）分别按着六个方向来进行测量（见右侧气缸体平面度测量位置图示）。

（5）如果塞尺正好插入刀口尺与气缸体平面之间，则该塞尺的厚度即为气缸体上平面度误差值。

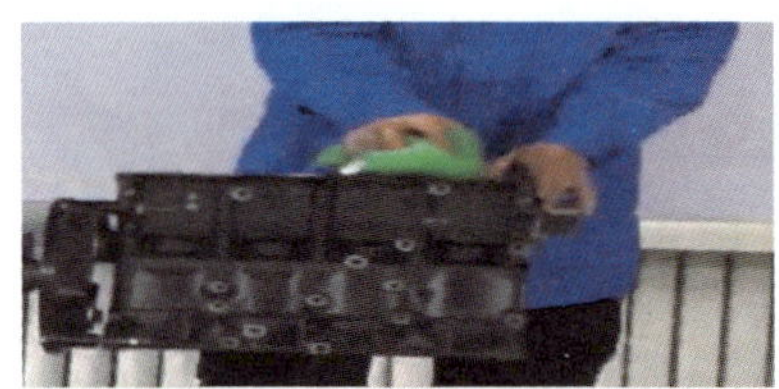

图 1-4-10　擦拭气缸体平面

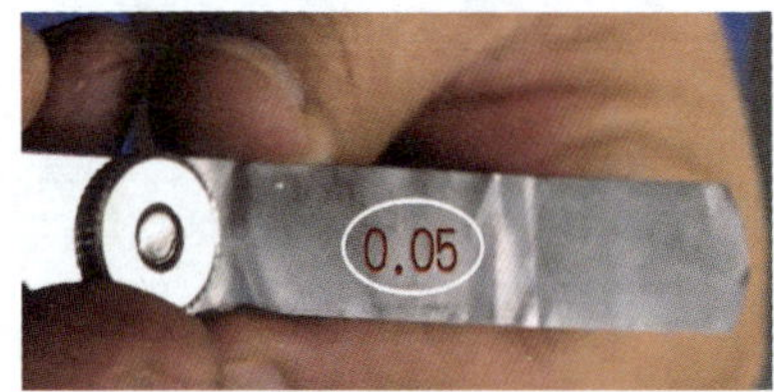

图 1-4-11　选择合适厚度的塞尺

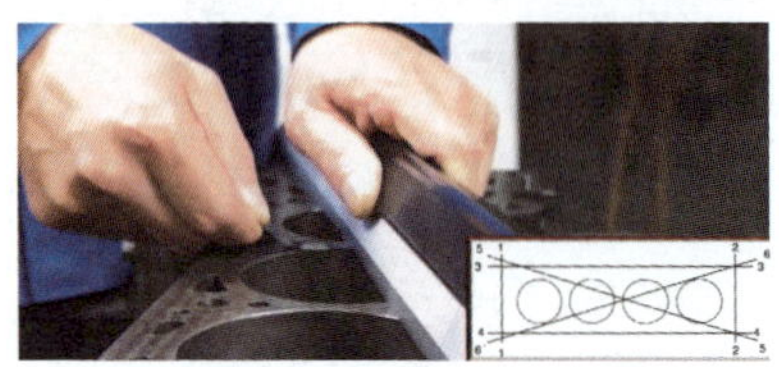

图 1-4-12　用塞尺进行插试

气缸体平面度

图示	
操作要求	• 测量气缸体平面度时，要根据实际情况调整塞尺厚度重复测量。因为气缸体平面翘曲变形量不超过 0.10 mm，因此在调整塞尺厚度的时候每次逐一增加厚度为 0.01 mm。 • 将刀口尺放到气缸体平面处，刀口尺应紧贴气缸体表面放置。 • 用塞尺测量气缸盖平面度，从最薄的塞片开始，将塞片放入刀口尺与气缸体平面中间任意位置轻轻拉动进行测量

气缸体平面度测量位置

图示	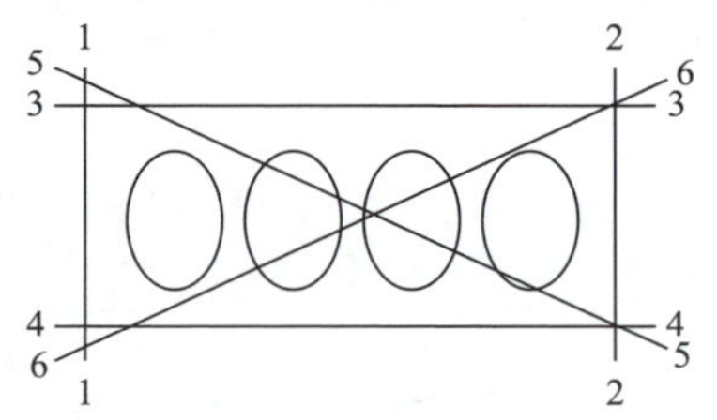
操作要求	• 测量平面度时，以带轮方向为基准，也即挨着带轮的为第一条边，对称为第二条边；上面为第三条边，对称为第四条边；左斜向为第五条边，右斜向为第六条边。 • 气缸盖平面翘曲变形量小于 0.01 mm

任何一个点子，哪怕不实用，也是创新。

步骤四：装配气缸盖及附件

（1）要小心地从包装中拿取新气缸垫，如损坏，会导致密封不严。

（2）用密封胶均匀涂于气缸体平面上，稍等几分钟，将气缸垫一面有 TOP 标记的朝上对准气缸体平面上各个孔安装好，如图 1-4-13 所示。

（3）将气缸盖总成小心抬起放置于气缸体上，注意安装方向。凸轮轴带轮方向与直列四缸的 1 缸位置紧挨着，不要装反。

（4）分别装入十个气缸盖螺栓，先用手带上，按“维修手册”要求，分两次旋紧螺栓，力矩为 40 N・m，如图 1-4-14 所示。

（5）安装气门室罩盖，分两次旋紧固定螺栓，力矩为 40 N•m。

图 1-4-13　在气缸体平面涂抹密封胶

图 1-4-14　装配气缸盖螺栓

气缸垫	
图示	
功用及相关要求	• 气缸垫主要用来保证气缸体与气缸盖接合面间的密封，防止漏气、漏水。它是汽车上较重要的一种垫片，也是较易损坏的垫片。 • 气缸垫接触高温、高压气体及冷却液，在使用中很容易被烧蚀，特别是缸口卷边周围。因此，气缸垫要耐热、耐蚀，具有足够的强度、一定的弹性和导热性，从而保证可靠的密封。 • 在安装气缸盖时，原来的气缸垫不能再使用，要更换新的

螺栓力矩要求	
气缸盖螺栓力矩	用 40 N・m 力矩分两次拧紧，第二次拧紧再旋转 90°

学习笔记

步骤五：拆卸气门传动组

（1）拆下齿形带上护罩，转动曲轴，使凸轮轴上的正时标记与正时上护罩对齐。此时，1 缸活塞处于上止点位置，如图 1-4-15 所示。

（2）松开张紧轮，取下正时带，用 18 mm 的套筒拆下凸轮轴正时带轮紧固螺栓，取下带轮，取下凸轮轴半圆键。

（3）拆卸气门室罩盖紧固螺栓并取下气门室罩盖密封条。

（4）取出导油板。

（5）分两次分别拧松凸轮轴承盖紧固螺栓，按照轴承盖的数字分别取下轴承盖并放置好，如遇轴承盖不易取下的情况，用橡胶锤轻轻敲击取下。

（6）取下凸轮轴，并放置在 V 形架上，如图 1-4-16 所示。

图 1-4-15　凸轮轴正时标记

图 1-4-16　V 形架

凸轮轴	
图示	油封 凸轮轴轴承盖 齿形带轮
组成及功用	• 凸轮轴由齿形带轮、凸轮轴油封、半圆键、凸轮轴轴承盖、轴颈等构成。 • 凸轮轴的主体是一根与气缸组长度近似相同的圆柱形棒体。上面套有若干个凸轮，用于驱动气门。凸轮轴是通过凸轮轴轴颈支撑在凸轮轴轴承孔内的，因此凸轮轴轴颈数目的多少是影响凸轮轴支撑刚度的重要因素。 • 如果凸轮轴刚度不足，工作时将发生弯曲变形，影响配气定时

凸轮轴轴承盖	
图示	
功用	• 凸轮轴轴承盖是固定凸轮轴在轴承座的零件，有明确的安装方向和顺序。靠近油封端的为 1 号，依次向右排序。 • 安装时，按照轴承上的数字和箭头朝向。箭头朝向都朝向凸轮轴带轮端

学习笔记

步骤六：测量凸轮轴径向圆跳动量

（1）将凸轮轴置于 V 形架上。

（2）将百分表安装在磁性表座上。

（3）将装有百分表的磁性表座安装于凸轮轴附近，将百分表探头靠近进气凸轮和排气凸轮中间，分别选取三个点，如图 1-4-17 所示。

（4）用手轻轻顺时针旋转凸轮轴，记录此三个点的径向跳动量（圆跳动量）数值，一般应小于或等于 0.03 mm，如大于应更换凸轮轴。

（5）用外径千分尺测量进气凸轮和排气凸轮升程，测量值应为（44.50 ± 1.00）mm，如图 1-4-18 所示。

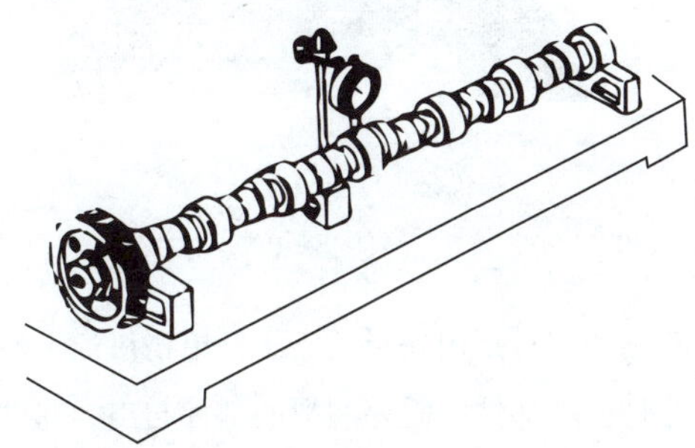

图 1-4-17　测量凸轮轴圆跳动量

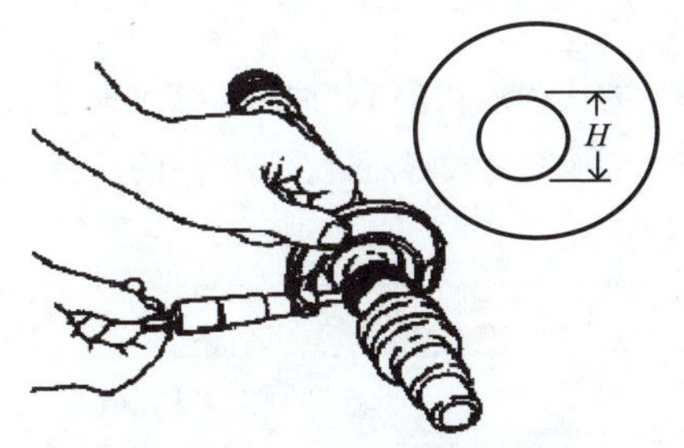

图 1-4-18　测量进、排气凸轮升程

外径千分尺（机械式）	
图示	
组成、规格及功用	• 外径千分尺的结构由固定的尺架、测砧、测微螺杆、固定套管、微分筒、测力装置、锁紧装置等组成。 • 微分筒上的刻度线是将圆周分为 50 等份的水平线。 • 从读数方式上来看，常用的外径千分尺有机械式及数显式。 • 外径千分尺常用规格有 0 ～ 25 mm、25 ～ 50 mm、50 ～ 75 mm、75 ～ 100 mm、100 ～ 125 mm 等若干种。 • 外径千分尺用来量取零件外径。在发动机测量中，量缸表与外径千分尺配合，可精准测量缸径

外径千分尺（数显式）	
图示	
功用	同外径千分尺

学习笔记

步骤七：拆卸、更换及安装凸轮轴油封

（1）拔下霍尔传感器插头。

（2）拆下齿形带上护罩，如图 1-4-19 所示。

（3）拆下霍尔传感器和隔板。

（4）使用油封提取器前，先用手将螺栓拧靠在凸轮轴上。

（5）将油封提取器的内部件旋出两圈并用滚花旋钮固定。

（6）将油封提取器的螺纹头上涂上机油，装到油封上尽可能用力拧紧。

（7）松开滚花旋钮，转动顶着凸轮轴的提取器内件，直至拉出油封，如图 1-4-20 所示。

（8）将油封提取器夹到台虎钳上，用卡钳取出油封。

（9）更换新油封，并在油封唇口上涂抹机油，用专用工具安装回去。

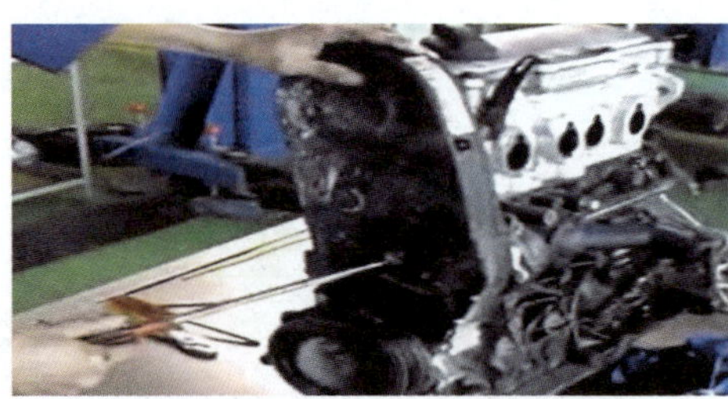

图 1-4-19　拆下齿形带上护罩

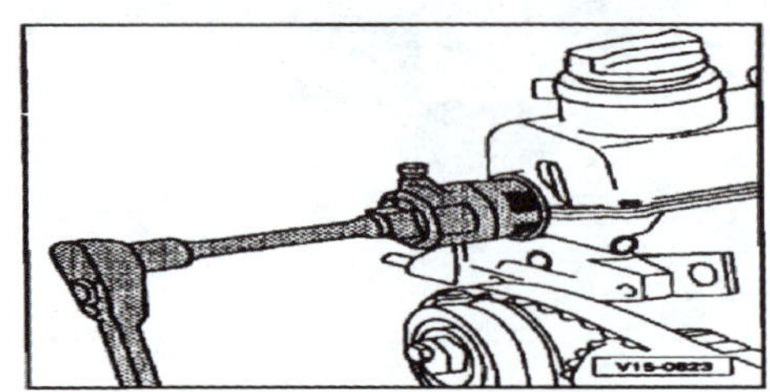

图 1-4-20　提取凸轮轴油封

凸轮轴油封

图示	
功用及代表形式	• 凸轮轴油封是用来封油脂（这里指机油）的机械元件，它将传动部件中需要润滑的部件与出力部件隔离，不至于让润滑油渗漏。习惯上，一般将旋转轴唇形密封圈称为油封。 • 油封的代表形式是 TC 油封，这是一种橡胶完全包覆的带自紧弹簧的双唇油封。一般说的油封常指 TC 油封

操作要求

油封提取器旋松要求	两圈约 3 mm

步骤八：检查液压挺杆（挺柱）

（1）在发动机没有拆卸之前，起动发动机，使其运转到散热风扇打开。

（2）将发动机转速提高到 2 500 r/min，持续 2 min。一般情况下，刚起动发动机时液压挺杆会有些噪声，运转几分钟后，噪声会消失，如图 1-4-21 所示。

（3）如果液压挺杆的运转噪声还没有消失（声音为“嗒嗒”的响声），接着按下面步骤检查液压挺杆。

（4）关闭发动机，等待 20 min 左右，待水温和机油温度降下来。

（5）打开机舱盖，用工具拆下进气歧管上部及气门室罩盖，如图 1-4-22 所示。

（6）将车用液压千斤顶支起，确保安全后，维修人员钻到车底，用工具顺时针旋转曲轴，直到待查挺杆的凸轮向上。

（7）轻轻地用楔形木棒或塑料棒压下挺杆，若凸轮与挺杆之间能插入 0.2 mm 塞尺，则挺杆需要更换。

图 1-4-21　提高发动机转速

图 1-4-22　拆卸进气歧管上部及气门室罩盖

液压挺杆	
图示	
功用	• 液压挺杆是利用发动机机油的压力调整其自身长度，以补偿气门传动机构中由于热膨胀、磨损等因素产生的气门间隙降低到最小限度。 • 液压挺杆可使发动机配气机构在工作过程中保持良好的气密性，保障发动机平稳工作。液压挺杆时刻与凸轮轴接触，无间隙运行。 • 换上新液压挺杆后，30 min 内不得起动发动机，液压补偿元件必须沉下（因为气门会碰到活塞）。 • 由于热膨胀造成的气门关闭不严的问题用预留气门间隙的方法来解决。但是由于气门间隙的存在，配气机构在工作时将产生冲击而发出响声。为了解决这一问题，发动机上采用了液压挺杆

学习笔记

学习笔记

步骤九：装配气门传动组

（1）在检测完液压挺杆并更换新挺杆后，30 min 内不要起动发动机。液压补偿部件需要下沉。

（2）从 V 形架上取下凸轮轴，安装在轴承座上。

（3）调整凸轮轴，使 1 缸进气凸轮斜向上 45° 放置，也就是说 1 缸进气凸轮不能冲下放置，如图 1-4-23 所示。

（4）按照各缸轴承盖的序号顺次安装轴承盖，注意安装时每缸轴承盖上的数字及箭头指向均朝向凸轮轴带轮方向，如图 1-4-24 所示。

（5）按照《维修手册》要求，先将轴承盖紧固螺栓用手带上，然后用扭力扳手分两次紧固。

图 1-4-23　调整凸轮轴位置

图 1-4-24　安装凸轮轴轴承盖

装配凸轮轴

图示	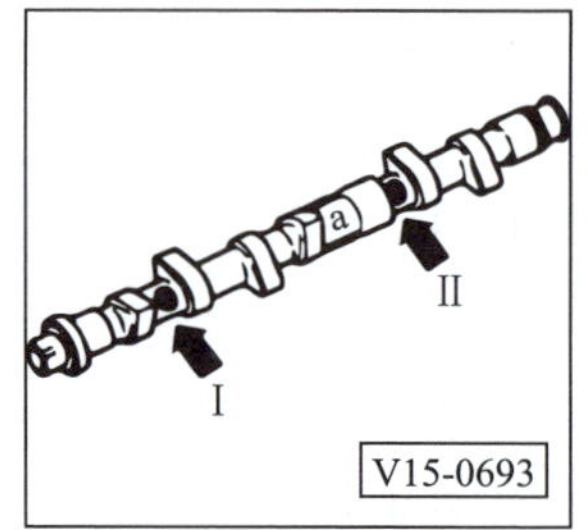
安装要求	• 在安装凸轮轴时，要注意 1 缸活塞不要处于上止点位置（避免活塞顶气门）。 • 按照 I 的标记，使 1 缸的进气凸轮斜向上 45° 安装，不要使其朝下，此位置为凸轮轴正时位置。 • 在固定凸轮轴于轴承座后，用机油涂抹凸轮工作面

装配凸轮轴轴承盖

图示	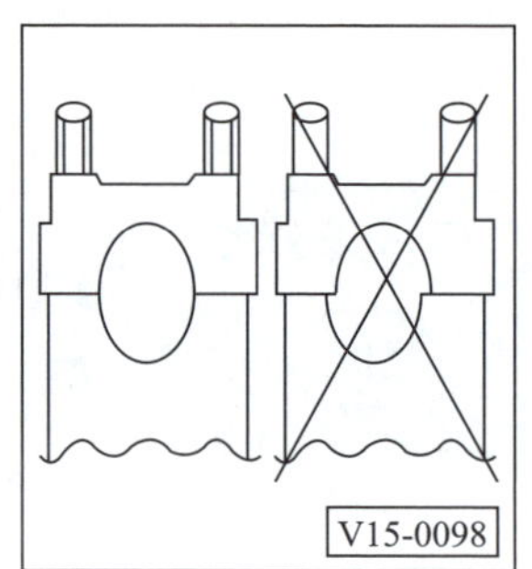
要求	每一个轴承盖有上下两端，没有数字的一端是有倒角的，安装时要注意。轴承盖放好后，用手带上螺母，然后分两次用扭力扳手交替以 20 N·m 的力矩拧紧

任何一个点子，哪怕不实用，也是创新。

（6）安装凸轮轴半圆键。
（7）油封密封唇上轻涂一层机油。
（8）将导向套筒装到凸轮轴轴颈上，如图 1-4-25 所示。
（9）将油封推到导向套筒上。
（10）用压力套筒将油封压靠，将油封装入油封座。
（11）安装齿形带，调整正时配气相位。
（12）装上霍尔传感器和隔板。
（13）装上齿形带上护罩。
（14）装上霍尔传感器，如图 1-4-26 所示。

图 1-4-25　装上导向套筒

图 1-4-26　装上霍尔传感器

<table>
<tr><th colspan="2">凸轮轴半圆键</th></tr>
<tr><td>图示</td><td></td></tr>
<tr><td>组成及工作原理</td><td>• 凸轮轴半圆键上表面为一平面，下表面为半圆弧面，两侧面平行，俗称月牙键。作用是控制气门的开启和闭合动作。
• 在四冲程发动机里凸轮轴的转速是曲轴的一半，通常它的转速很高，且需要承受很大的扭矩</td></tr>
<tr><th colspan="2">凸轮轴配气相位</th></tr>
<tr><td>图示</td><td>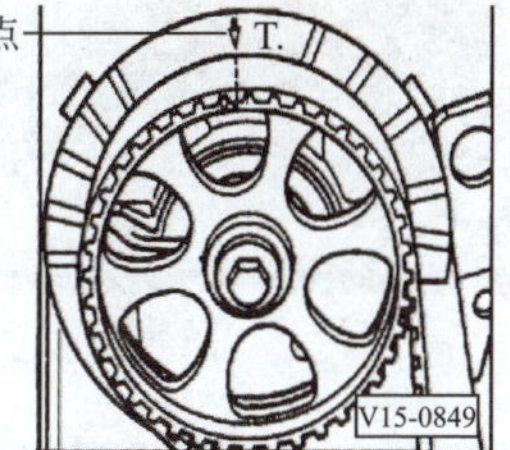</td></tr>
<tr><td>工作原理</td><td>• 配气相位就是进、排气门的实际开闭时刻，通常用相对于上、下止点曲拐位置的曲轴转角来表示。
• 旋转曲轴带轮固定螺栓，使凸轮轴上正时点与正时上护罩上 OT 正时点在一条直线上。此时 1 缸活塞位于上止点位置</td></tr>
</table>

学习笔记

学习笔记

步骤十：拆卸气门组

（1）用棘轮扳手分两次拆下凸轮轴承盖螺栓，取下轴承盖并按顺序放置好。

（2）取下凸轮轴，放置在 V 形架上。

（3）用磁力棒吸出各缸的液压挺杆，并用记号笔标记顺序（各缸的进、排气液压挺杆）。

（4）用气门拆装钳拆卸气门，将气门从气门导管顶出，如图 1-4-27 所示。

（5）使用一字螺丝刀将气门锁片（块）拨下，用磁力棒将锁片及气门弹簧座吸出，如图 1-4-28 所示。

（6）拆卸气门拆装钳。

图 1-4-27　用气门拆装钳拆卸气门

图 1-4-28　用磁力棒吸出锁片及气门弹簧座

气门

图示	
功用及分类	• 气门的功用是专门负责向发动机内输入空气并排出燃烧后的废气。 • 从发动机结构上，分为进气门和排气门。进气门的作用是使空气进入发动机燃烧室内，与燃油混合燃烧；排气门的作用是将燃烧后的废气排出

气门导管

图示	
功用	气门导管的功用是对气门的运动导向，保证气门做往复直线运动，使气门与气门座圈能正确贴合，并将气门杆的热量传给气缸盖

气门锁片

图示	
功用	气门锁片是使气门与弹簧座实现单向连接并锁止的零件。一般呈上窄下宽的锥形体，由对称的两片组成

任何一个点子，哪怕不实用，也是创新。

（7）用磁力棒将气门弹簧上座及气门弹簧取出，如图 1-4-29 所示。

（8）用气门油封拆装钳将气门油封取出，将气门从气门导管内压出。

（9）分别用气门拆装钳及磁力棒取出另一气门所有组件。

（10）根据气门底部直径，底部直径大的为进气门，小的为排气门，分别将进气门和排气门的气门组组件排列好，如图 1-4-30 所示。

（11）根据需要，依次拆解其他气门组。

图 1-4-29　用磁力棒取出气门弹簧上座及气门弹簧

图 1-4-30　依次排列气门组组件

气门油封	
图示	
功用	气门油封可以防止机油进入进排气管，避免机油流失，防止汽油与空气的混合气体以及排放废气泄漏，防止发动机机油进入燃烧室

气门弹簧	
图示	
功用	气门弹簧位于气缸盖与气门杆尾端弹簧座之间。气门弹簧的功用是保证气门关闭时能紧密地与气门座或气门座圈贴合，并克服在气门开启时配气机构产生的惯性力，使传动件始终受凸轮控制而不相互脱离

磁力棒	
图示	
功用	磁力棒的功用是吸取汽车上诸如螺栓、气门弹簧、气门锁片等小型零件的专用工具

学习笔记

学习笔记

步骤十一：测量气门组

（1）用游标卡尺测量气门杆长度，进气门为 91.84 mm，排气门为 91.14 mm，如图 1-4-31 所示。

（2）用游标卡尺测量气门杆直径为（6.92 ± 0.02）mm（进、排气门）。

（3）用游标卡尺测量气门杆头部直径，进气门为（39.50 ± 0.14）mm，排气门为（32.90 ± 0.14）mm，如图 1-4-32 所示。

（4）用游标卡尺测量气门座宽度，进、排气门均为1.0～2.4 mm。

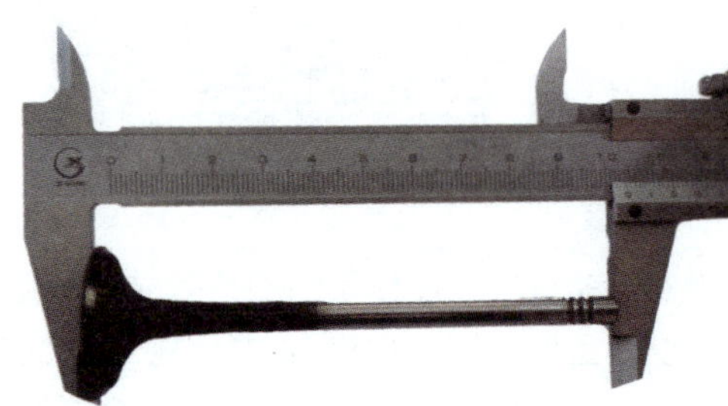

图 1-4-31　测量气门杆长度

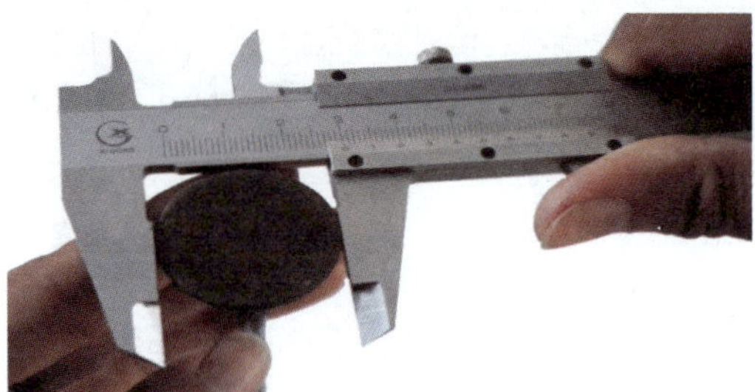

图 1-4-32　测量气门杆头部直径

游标卡尺

图示	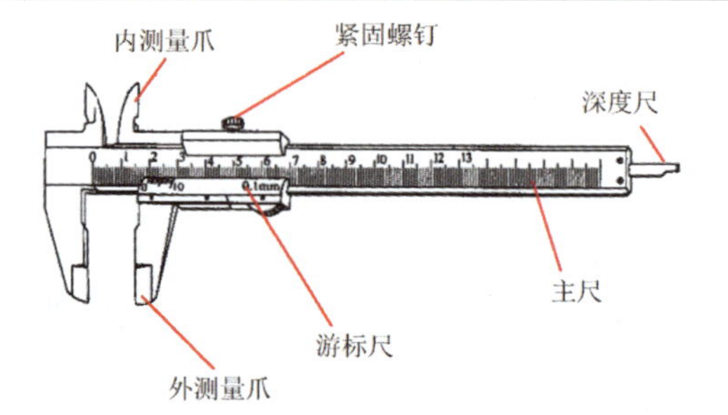
功用及结构	• 游标卡尺是一种测量长度、内外径、深度的量具。游标卡尺由主尺和附在主尺上能滑动的游标两部分构成。 • 主尺一般以 mm 为单位，而游标上有 50 个分格，游标卡尺的主尺和游标上有两副活动量爪，分别是内测量爪和外测量爪，内测量爪通常用来测量内径，外测量爪通常用来测量长度和外径

测量气门

图示	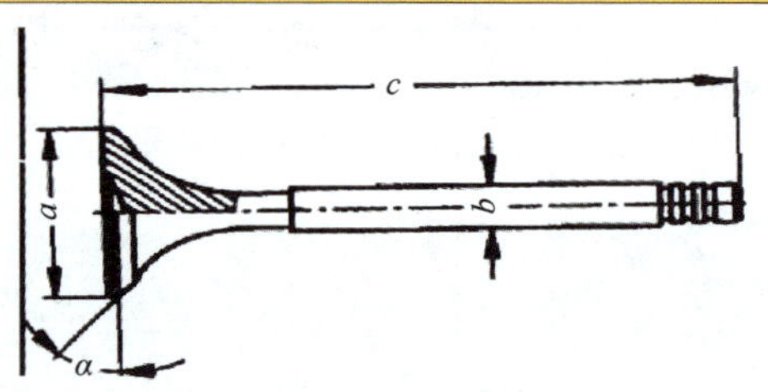
操作要求	• 用游标卡尺来测量进排气门的气门杆长度、气门杆直径、气门头部直径、气门座宽度。 • a 表示气门底部直径（mm），b 表示气门杆部直径（mm），c 表示气门杆长度（mm），α 表示气门锥面角

任何一个点子，哪怕不实用，也是创新。

步骤十二：安装气门组

（1）用磁力棒依次安装气门、气门弹簧、气门座圈。

（2）用气门拆装钳压下气门弹簧。

（3）在气门锁片上用一字螺丝刀涂抹润滑脂并安装气门锁片，注意不要装反，如图 1-4-33 所示。

（4）拆下气门拆装钳，依次安装各气门液压挺杆（挺柱）。

（5）安装凸轮轴、轴承盖及固定螺栓，使 1 缸进气凸轮斜向上 45° 安装，安装轴承盖时注意数字与箭头朝向凸轮轴正时带轮侧，用手先带上螺栓，然后用扭力扳手分两次以规定的扭矩拧紧，如图 1-4-34 所示。

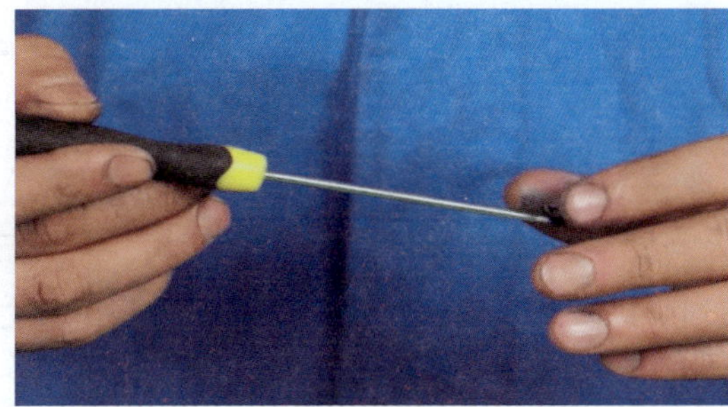

图 1-4-33　在气门锁片上用一字螺丝刀涂抹润滑脂

图 1-4-34　安装凸轮轴、轴承盖及固定螺栓

润滑脂	
图示	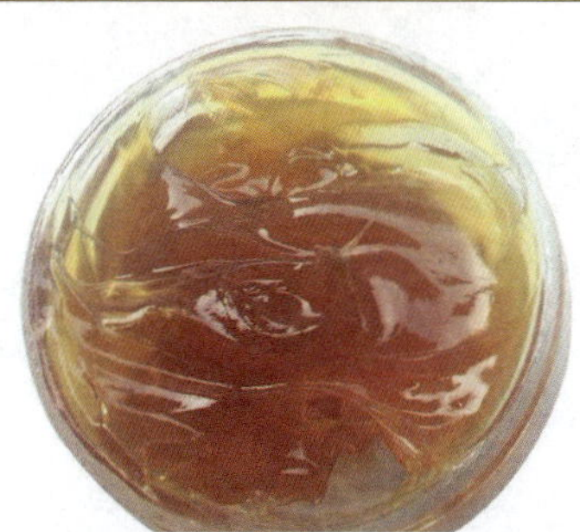
构成及功用	• 润滑脂又称中油或黄油，是稠厚的油脂状半固体。 • 润滑脂一般用于机械的摩擦部分，起到润滑和密封作用；有时候也用于金属表面，起到填充空隙和防锈的作用。 • 润滑脂主要由矿物油和稠化剂调制而成，一般在车上用于气门锁片粘合、起动机铜套润滑及其他零部件润滑及防锈操作

学习笔记

学习笔记

任务测评

一、知识测评

确定本任务关键词，按重要程度进行关键词排序并举例解读。

根据自己对重要信息捕捉、排序、表达、创新和划分权重能力进行自评，满分 100 分（见表 1-4-2）。

表 1-4-2　拆装配气机构知识测评表

序号	关键词	举例解读	评分自定
1			
2			
3			
4			
5			
总分			

二、能力测评

对表 1-4-3 所列作业内容，操作规范即得分，操作错误或未进行操作即零分。

表 1-4-3　拆装配气机构能力测评表

序号	作业内容	配分	得分
1	拆装气门传动组	20	
2	拆装气门组	20	
3	气门传动组的测量	20	
4	气门拆装钳的正确使用	20	
5	游标卡尺测量气门操作	20	
总分		100	

视频

1-3 捷达发动机的拆卸

三、素养测评

对表 1-4-4 所列素养点，做到即得分，未做到即零分。

表 1-4-4　拆装配气机构素养测评表

序号	素养点	配分	得分
1	安全、环保意识	20	
2	标准、规范意识	20	
3	5S 意识	20	
4	团队协作精神	20	
5	自主学习精神	20	
总分		100	

四、拓展训练

（1）请列举拆装配气机构易出现的问题，分析产生问题的原因并制定解决问题的措施（满分 25 分）。

（2）装配凸轮轴轴承盖时，发现 4 缸轴承盖安装不到位且翘起，试根据现象制定检测流程（满分 25 分）。

（3）改革开放四十多年，我国已变成世界第一汽车产销大国，中国汽车工业从弱到强，特别是在电动车智能化方面已经与传统汽车强国并驾齐驱，我为中国汽车人感到骄傲。请按照图 1-4-35 所示思维导图格式，对拆装配气机构的学习收获进行总结，搜集一下上个月中国汽车销量各个品牌排名，搜集一下关于我国电动车智能化技术最新进展，写一篇 500 字短文（满分 50 分）。

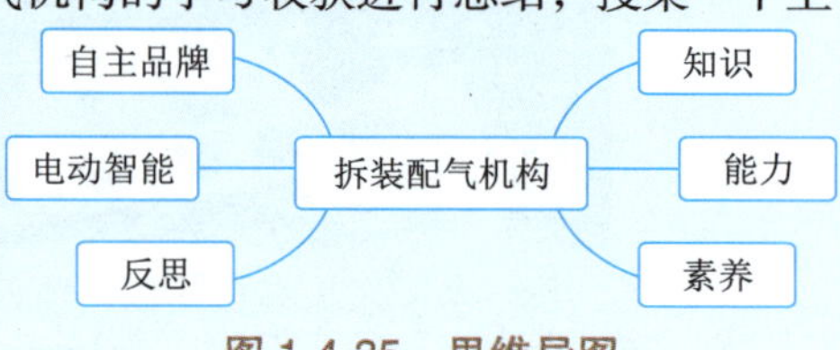

图 1-4-35　思维导图

任何一个点子，哪怕不实用，也是创新。

任务五　拆装曲柄连杆机构

职业行动

步骤一：作业准备

1. 作业场地

选择带有消防设施的作业场地。

2. 设备设施

2007 款捷达 1.6 L 轿车（整车且能够正常起动）、工具车、零件车。

3. 工量辅具（见表 1-5-1）

表 1-5-1　拆装正时带工量辅具

套筒扳手组合套具	百分表	磁性表座
指针式扭力扳手	预置力式扭力扳手	丁字扳手

4. 零件耗材

手套、抹布、防护三件套。

职业知识

丁字扳手

图示	
功用	• 常用在汽车维修中安装比较深，对工具的长度有要求的螺栓紧固与拧松。 • 丁字扳手因其头部及杆部较长，适合拧一些专用的螺栓，速度快且方便。比如常见的 8 mm、10 mm 两种丁字扳手，在拆装诸如发动机、发电机固定螺栓等零部件时常用

磁性表座

图示	
功用	• 磁性表座是百分表或千分表的支座。 • 下面有凹槽的两面任一面放在可导磁的金属上面，拧动边上的旋转旋柄 90° 即可吸住，取下的时候向相反的方向扳回 90°

学习笔记

步骤二：折卸机体组

（1）拆卸气门室罩盖，取出导油板，如图 1-5-1、图 1-5-2 所示。
（2）拆卸气缸盖并抬下，取下气缸垫。
（3）将发动机气缸体倒转，拆卸油底壳，如图 1-5-3 所示。
（4）取下机油扰流板。

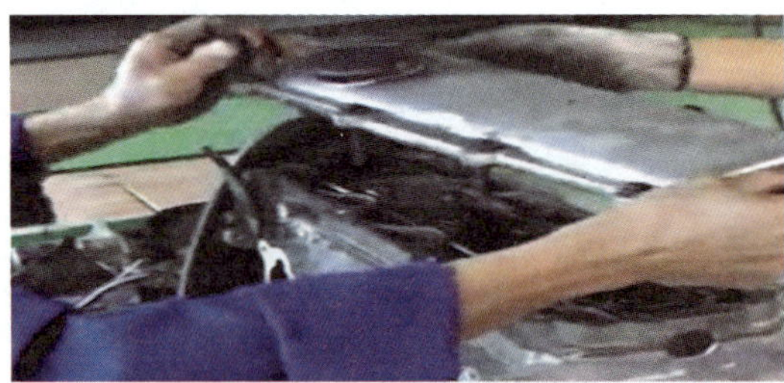

图 1-5-1　拆卸气门室罩盖

图 1-5-2　取出导油板

图 1-5-3　拆卸油底壳

油底壳

图示	
功用及构成	• 油底壳是曲轴箱的下半部，又称下曲轴箱。功用是封闭曲轴箱，作为储油槽的外壳，防止杂质进入，并收集和储存由柴油机各摩擦表面流回的润滑油，散去部分热量，防止润滑油氧化。 • 油底壳多由薄钢板冲压而成，形状较为复杂的一般采用铸铁或铝合金浇铸成型

机油扰流板

图示	
功用及构成	• 机油扰流板是为避免发动机在行驶颠簸过程中造成的机油震荡激溅，有利于机油杂质的沉淀。 • 一般由 PCV 材质的材料制成，安装于机油泵粗滤器上部

螺栓力矩要求

气缸盖螺栓力矩	用 40 N・m 分两次拧紧，第二次拧紧旋转 90°

汽车是技术与艺术的结合体。

（5）拧下机油泵固定螺栓。

（6）拆卸机油泵并取下曲轴正时带轮，如图 1-5-4 所示。

（7）拆卸曲轴前端油封端盖，如图 1-5-5 所示。

图 1-5-4　拆卸机油泵及曲轴正时带轮

图 1-5-5　拆卸曲轴前端油封端盖

机油泵	
图示	
功用	• 机油泵是用来使机油压力升高和保证一定的油量，并向各摩擦表面强制供油的部件。 • 当发动机工作时，曲轴上的驱动齿轮带动机油泵的传动齿轮，使固定在主动齿轮轴上的主动齿轮旋转，从而带动从动齿轮做反方向的旋转，将机油从进油腔沿齿隙与泵壁送至出油腔。 • 机油泵是机油润滑的动力来源

曲轴前端油封	
图示	
功用	• 机油在机体组进行润滑工作，需要油封来进行密封。 • 油封的材质一般为胶质材质。随着使用年限及公里数的增加，油封的特性会随着工作环境的变化而逐渐失去原有的密封作用

学习笔记

学习笔记

（8）拧下机油泵张紧器固定螺栓并取下机油泵张紧器，如图 1-5-6 所示。

（9）卸下机油泵及其链条。

（10）拆卸曲轴后端油封端盖，如图 1-5-7 所示。

图 1-5-6　拆卸机油泵张紧器

图 1-5-7　拆卸曲轴后端油封端盖

机油泵张紧器

图示	
功用	• 张紧器是带、链条传动系统上常用的保持装置。 • 张紧器是保持带、链条在传动过程中可以拥有适当的张紧力，从而避免带打滑，或避免同步带发生跳齿、脱齿而拖出。 • 张紧器可防止链条松动、脱落，减轻链轮、链条磨损

曲轴后端油封

图示	
功用	同曲轴前端油封

螺栓力矩要求

张紧器螺栓力矩	30 N・m

汽车是技术与艺术的结合体。

（11）在连杆轴承盖上用白色记号笔做好各缸标记。

（12）拧下连杆轴承盖紧固螺栓，拆下连杆轴承盖及轴瓦，如图 1-5-8、图 1-5-9 所示。

（13）用工具旋转曲轴带轮螺栓，拆卸 2 缸、3 缸的连杆轴承盖。

图 1-5-8　拆卸连杆轴承盖紧固螺栓

图 1-5-9　拆下连杆轴承盖及轴瓦

连杆	
图示	连杆组件　　连杆
功用及组成	• 连杆的功用是连接活塞与曲轴，并把活塞承受的气体压力传给曲轴，使活塞的往复运动变成曲轴的旋转运动，对外输出做功。 • 连杆组件由杆身、连杆轴承盖、连杆螺栓和连杆轴承等组成
连杆轴承瓦片	
图示	
功用及组成	瓦片一般采用韧性较高的优质合金钢或优质碳素钢制成，它是轴承的基体，既要有足够的强度，以承受冲击性载荷，又要有合适的刚度，便于与轴承孔良好的贴合
螺栓力矩要求	
连杆螺栓力矩	30 N · m，拧紧再拧（1/4）圈

学习笔记

学习笔记

（14）依次拧下曲轴主轴承盖螺栓，并放置好，如图 1-5-10 所示。

（15）抬出曲轴并放置于 V 形架上，如图 1-5-11 所示。

（16）用木棒依次推出各缸活塞，分别装上相应的连杆轴承瓦盖，如图 1-5-12 所示。

图 1-5-10　拧下曲轴主轴承盖螺栓

图 1-5-11　将曲轴放置于 V 形架上

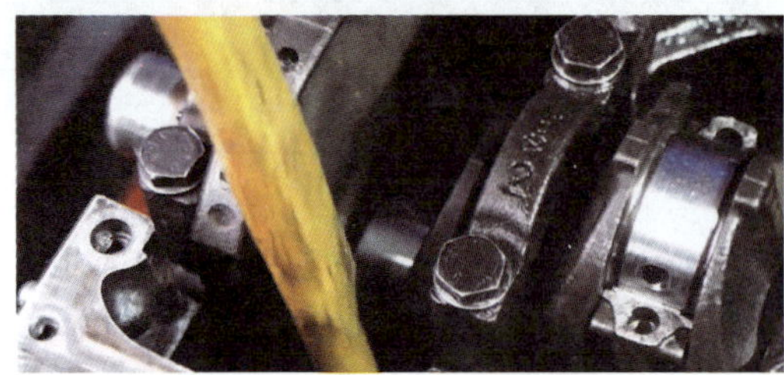

图 1-5-12　用木棒依次推出各缸活塞

曲轴

图示	
功用	• 曲轴承受连杆传来的力，并将其转变为转矩通过曲轴输出，驱动发动机上其他附件工作。 • 曲轴受到旋转质量的离心力、周期变化的气体惯性力和往复惯性力的共同作用，使曲轴承受弯曲扭转载荷的作用

活塞连杆组

图示	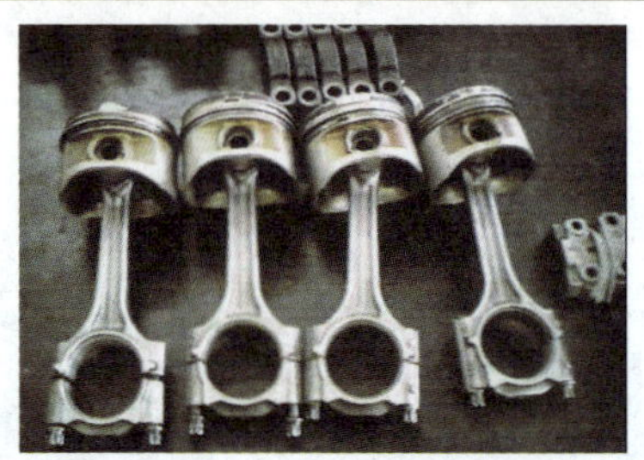
功用	• 活塞连杆组将活塞的往复运动变为曲轴的旋转运动，同时将作用于活塞上的力转变为曲轴对外输出转矩，以驱动汽车车轮转动。 • 活塞连杆组是发动机的传动件，它把燃烧气体的压力传给曲轴，使曲轴旋转并输出动力

螺栓力矩要求

连杆螺栓力矩	30 N•m，拧紧再拧（1/4）圈
曲轴主轴承盖螺栓力矩	65 N•m，拧紧再拧（1/4）圈

汽车是技术与艺术的结合体。

步骤三：检测气缸

（1）将外径千分尺校准到《维修手册》所述的气缸基本尺寸，并且定尺固定在台虎钳上，如图 1-5-13 所示。

（2）按被测气缸的标准尺寸选择合适的接杆，并将百分表装上。

（3）将装好的量缸表放入千分尺。

（4）用干净的棉线抹布清理气缸，将量缸表测杆放入气缸开始测量，如图 1-5-14 所示。

（5）测量时要使量缸表与气缸的轴线垂直，应前后摆动表，当指针指示到最小数值时，即为标准读数。

（6）通过公式计算气缸的圆柱度，以此来确定是否要镗缸。

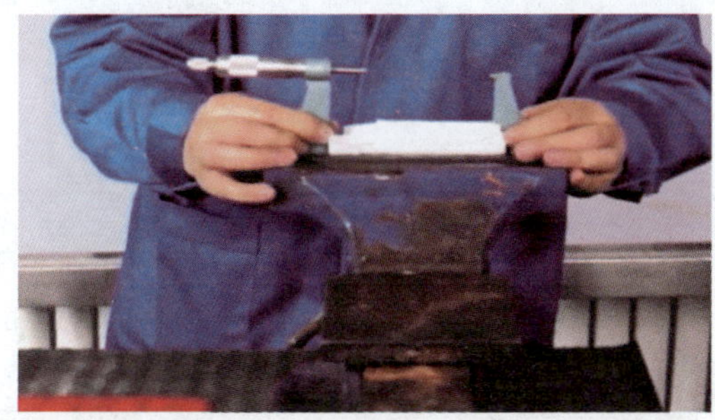

图 1-5-13　将校准好的外径千分尺置于台虎钳上

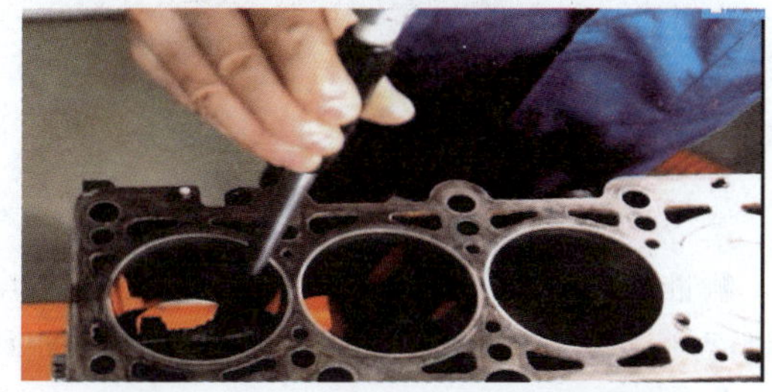

图 1-5-14　用量缸表在气缸内测量

量缸表

图示	
功用	• 量缸表又称内径百分表，是一种用于测量孔径的比较性量具。 • 在汽车维修中，主要用于测量发动机气缸和轴承座孔的圆度、圆柱度误差或气缸磨损情况，精确度一般为 0.01 mm。在实际进行发动机大修时，量缸表的摆动范围一般不要超过七格（即 0.07 mm）。如超过，则需对气缸进行修复（镗缸）

测量气缸圆柱度

图示	A B ① ② ③
操作规范	• 用内径百分表（量缸表），量程为 50 ～ 100 mm，测量三点，每点分 A（纵向）和 B（横向）两个方向。缸径的基本尺寸为 81.01 mm。 • ①、②、③为测量点（即离缸筒上部 10 mm 处、缸筒中部、离缸筒下部 15 mm 处）

学习笔记

学习笔记

步骤四：检测活塞及活塞环

（1）用活塞环拆装钳将拆下的第一道气环竖直插入气缸，然后将活塞头部伸入气缸平直旋转并取出，此时用塞尺合适的量程伸入活塞环缝隙中，直到选择的塞尺不卡滞为止，此塞尺量程即为活塞环的端隙，如图 1-5-15、图 1-5-16 所示。

（2）将第一道活塞环伸入第一道环槽中，并与环槽下部贴合，用合适量程的塞尺伸入活塞环上部，直到选择的塞尺不卡滞为止，此塞尺量程即为活塞环的侧隙。。

（3）用游标卡尺量取活塞环的宽度并记下，用游标卡尺的深度尺插入环槽并到底，记录数值，用此数值减去活塞环宽度值，即为活塞环的背隙。

（4）将所测的数据与《维修手册》进行对比，确定是否更换新活塞环。

图 1-5-15　用活塞环拆装钳拆卸活塞环

图 1-5-16　用活塞头部将缸内活塞环压平

活塞环端隙

图示	
操作规范	将第一道气环竖直插入气缸，然后用活塞头部伸入气缸并平直旋转取出。此时用塞尺合适的量程伸入活塞环缝隙中，直到选择的塞尺不卡滞为止

活塞环侧隙

图示	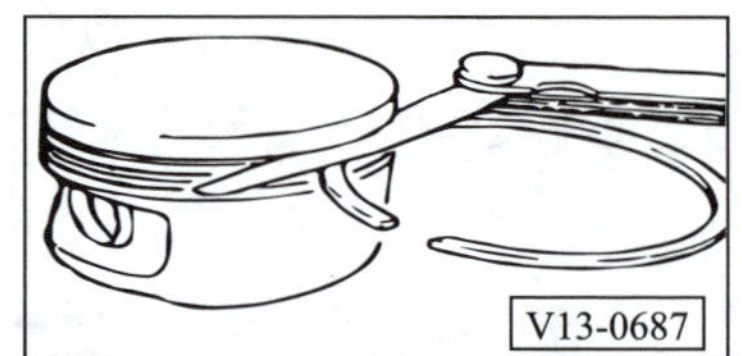
操作规范	将第一道活塞环伸入第一道环槽中，并与环槽下部贴合，用合适量程的塞尺伸入活塞环上部，直到选择的塞尺不卡滞即可

活塞环背隙

图示	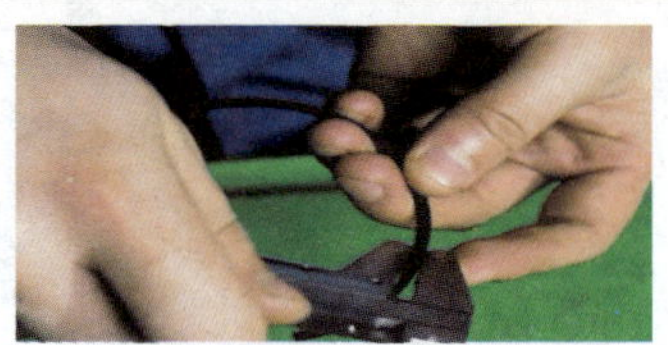
操作规范	测量活塞环背隙需要两步：第一步用游标卡尺测量出环槽深度；第二步测量出环槽宽度，两者数据相减即为活塞环背隙

汽车是技术与艺术的结合体。

学习笔记

步骤五：检测曲轴径向间隙

（1）清洁曲轴轴承座、曲轴主轴承瓦及曲轴轴颈。

（2）将曲轴装入曲轴箱轴承座上，旋转曲轴，使油孔不在最高点位置，如图 1-5-17 所示。

（3）在每个轴颈上放置与轴颈宽度相当的塑料间隙规。

（4）安装主轴承盖，并分两次由中间向两边拧紧螺栓，第三次用预置式扭力扳手加 10 N • m 的扭力。

（5）分两次拧松轴承盖螺栓，拆下主轴承盖，用测量尺与压平后间隙规进行比对，标准值在 0.02 ～ 0.06 mm 之间，如图 1-5-18 所示。

图 1-5-17　旋转曲轴使油孔不在最高点位置

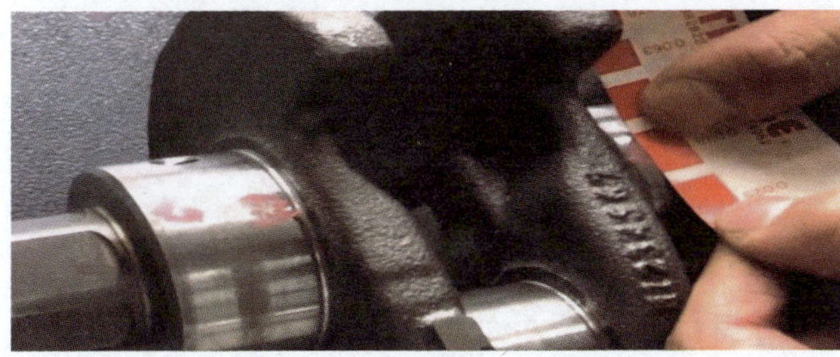

图 1-5-18　压平后的间隙规

塑料间隙规

图示	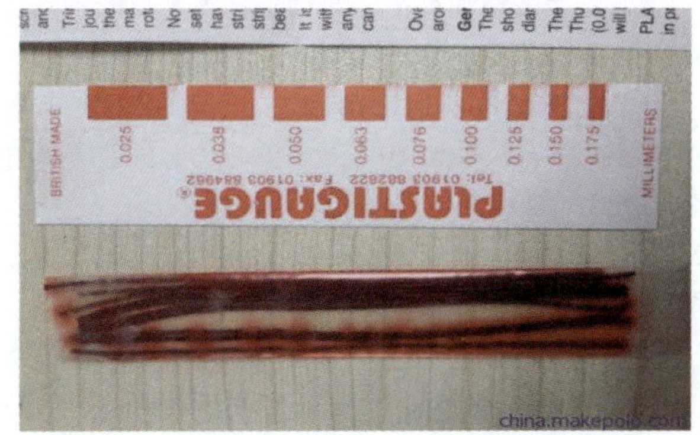
功用及构成	• 塑料间隙规用来测量互相配合表面间的间隙，简单易行、高效。 • 它主要用在测量分体轴承，或者不能使用不锈钢塞尺的场合。测量曲轴的大型端轴承时，不需要将曲柄轴解体。 • 塑料间隙规由软塑料制成，分三种颜色，每一种表示不同的厚度。 • 用测量尺与压平后间隙规进行比对，标准值在0.02～0.06 mm之间。考虑测量误差在允许的范围内，此时的曲轴如果安装后出现扫膛现象，经反复测量确认曲轴径向磨损超出标准范围，就需要更换新曲轴

螺栓力矩要求

曲轴主轴承盖螺栓力矩	65 N•m，拧紧再拧（1/4）圈

学习笔记

步骤六：检测曲轴轴向间隙

（1）清洁曲轴轴承座、曲轴主轴承瓦及曲轴轴颈，将主轴抬进曲轴箱。

（2）安装主轴承盖，并分两次由中间向两边拧紧螺栓，第三次用预置式扭力扳手加 10 N • m 的扭力，注意不要在第三道轴瓦的止推垫片涂抹机油。

（3）装配磁力表座及百分表，移动百分表测头至曲轴端面，如图 1-5-19 所示。

（4）用缠有胶带的一字螺丝刀在第三道轴瓦处左右撬动曲轴，并观察百分表读数。《维修手册》中轴向间隙的基础数据为 0.07 mm，如图 1-5-20 所示。

（5）用外径千分尺十字交叉测量曲轴轴颈及连杆轴颈磨损度。

图 1-5-19　移动百分表测头至曲轴端面

图 1-5-20　用一字螺丝刀撬动曲轴

曲轴轴颈	
图示	
工作原理	• 主轴颈沿轴向的磨损应是均匀的，其径向的磨损量是不均匀的，会出现轻微的椭圆度。 • 用外径千分尺十字交叉测量其磨损度值并与《维修手册》数据比对

连杆轴颈	
图示	
工作原理	• 连杆轴颈和轴承的径向磨损是不均匀的，其内侧磨损量较大。 • 不均匀的磨损使连杆轴颈沿径向形成一定的椭圆形状，轴向一般是均匀磨损，磨损后会成锥形。 • 采用对称式大端结构的连杆，若发生弯曲也会造成同样的后果。 • 用外径千分尺十字交叉测量其磨损度值并与《维修手册》数据比对

汽车是技术与艺术的结合体。

步骤七：装配机体组

（1）清洁曲轴轴承座、曲轴主轴承瓦及曲轴轴颈。

（2）在主轴承座上涂抹机油，如图 1-5-21 所示。

（3）将各缸曲轴主轴瓦片按槽对豁口的原则进行安装，注意千万不要安错位置。

（4）在主轴瓦片上涂抹机油，此时将曲轴轻轻地放置于主轴承座上，如图 1-5-22 所示。

图 1-5-21　在主轴承座上涂抹机油

图 1-5-22　将曲轴轻轻地放在主轴承座上

主轴瓦片	
图示	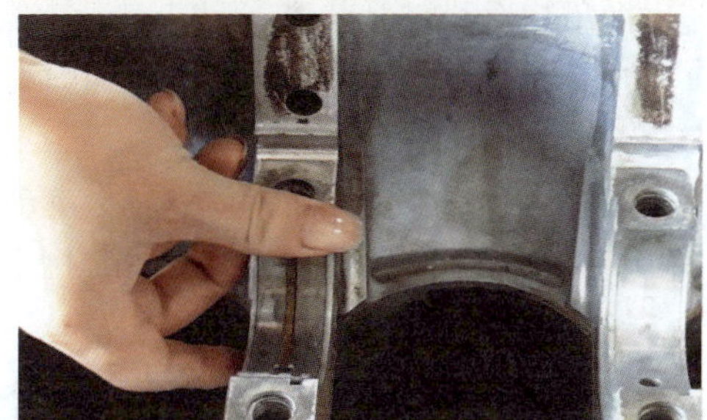
操作要求	• 在安装主轴瓦片时，瓦片上的槽口要与轴承座上的豁口对好，也就是定位。 • 因为此类瓦片带有油槽，如定位错位，会造成曲轴出现轴向和径向间隙，严重的会引起曲轴轴向窜动和径向扫膛，造成曲轴磨损
油道孔	
图示	
操作要求	在实际汽修作业中，一般在安装完主轴瓦后，要仔细确定轴瓦上的油孔与主油道油孔是否相通，这也是定位的一种方法

学习笔记

学习笔记

（5）安装第三轴承上的止推垫片。

（6）止推垫片安装时有两个方向：一面是有两个刃口，另一面是平面。有刃口的一面要朝外安装，平面的一面朝里安装，如图 1-5-23 所示。

（7）安装好两个止推垫片后，左右稍微串动一下曲轴，看是否安装到位，也就是轴向间隙是否在允许范围之内，如图 1-5-24 所示。

图 1-5-23　安装止推垫片

图 1-5-24　安装止推垫片后左右稍微串动曲轴

止推垫片	
图示	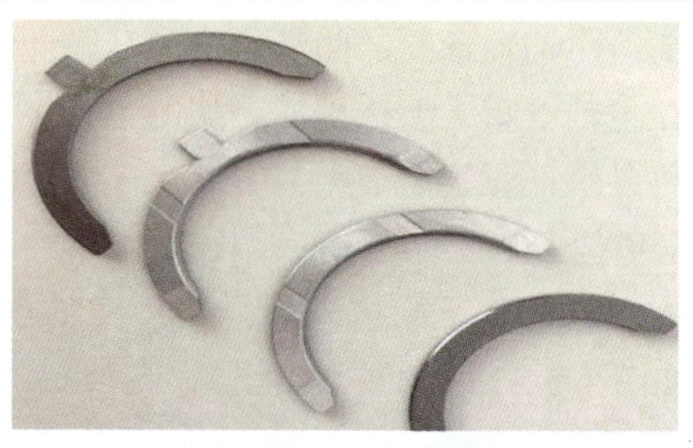
功用及构成	• 止推垫片是为承受轴向载荷而通常与径向滑动轴承一起使用的环形板或两个半环形板，用以固定曲轴，防止其非正常窜动。 • 止推垫片用低碳钢、铝合金等塑性高的金属材料制成。在安装曲轴时在第三道轴承处安装一对止推垫片，除了防止曲轴窜动外，也考虑了配重的原理

曲轴主轴瓦	
图示	
概念及功用	• 安装在曲轴和缸体的固定托架上，起到支撑和润滑作用的瓦片通常称为曲轴主轴瓦。 • 曲轴轴瓦一般分为两种：轴瓦和翻边轴瓦。翻边轴瓦不仅能起支撑和润滑的作用，还能起到曲轴轴向定位的作用

汽车是技术与艺术的结合体。

（8）安装完止推垫片后，在各个轴承上要打上机油，如图 1-5-25 所示。

（9）安装主轴承瓦盖，注意瓦片要对槽。

（10）旋紧主轴承盖螺栓，分两次拧紧，并用预置力扭力扳手加力矩拧到位，如图 1-5-26 所示。

图 1-5-25　安装止推垫片后，在轴承上打上机油

图 1-5-26　旋紧主轴承盖螺栓

学习笔记

主轴承瓦盖	
图示	
分类、功用及安装要求	• 主轴承瓦盖在发动机里有两种：大瓦和小瓦。 • 大瓦是放在缸体上，以固定曲轴及调节曲轴与缸体之间的间隙。小瓦固定连杆和曲轴上。瓦上的孔用以机油流入，起到润滑作用。 • 主轴承瓦在安装时，瓦片要与槽口对齐，不要装错

螺栓力矩要求	
曲轴主轴承盖螺栓力矩	65 N•m，拧紧再拧（1/4）圈
连杆螺栓力矩	30 N•m，拧紧再拧（1/4）圈

汽车是技术与艺术的结合体。

学习笔记

（11）在各个气缸内壁上打上机油，如图 1-5-27 所示。

（12）用活塞环拆装钳与手配合安装各缸活塞活塞环，如图 1-5-28 所示。

（13）安装时工具与手的操作要轻柔。

图 1-5-27　在各个气缸内壁上打上机油

图 1-5-28　安装各缸活塞活塞环

油环	
图示	
功用及分类	• 油环的功用是刮掉气缸壁上多余的机油，并在气缸壁上铺涂一层均匀的机油油膜，这样既可以防止机油窜入燃烧室燃烧，又可以减少活塞及活塞环与气缸壁的磨损。 • 油环分为分体式油环及组合式油环
气环	
图示	
功用及分类	• 气环的作用是保证活塞与气缸壁之间的密封，阻止燃烧室中的高温、高压燃烧后的气体窜入曲轴箱，与机油发生反应，使机油产生乳化现象，并引起曲轴箱内压力及温度过高。 • 气环按材质分为第一道气环和第二道气环

汽车是技术与艺术的结合体。

（14）安装油环时，如果是分体式的，可选安装中间的弹簧，再分别安装上与下各一的金属环；如果是组合式油环，用手轻轻斜着安放进环槽，并用手转动油环，使其安装到位。

（15）安装第二道气环和第一道气环时，要分清这两种环。第一道气环颜色银亮，且材质较硬，最重要的是看环的开口处形状，为一矩形；而第二道气环颜色较暗，质地较薄脆，环的开口处截面为一缺角的梯形，如图 1-5-29 所示。

（16）安装顺序：先安装第二道气环，再安装第一道气环，注意两个环开口要错开 120°，如图 1-5-30 所示。

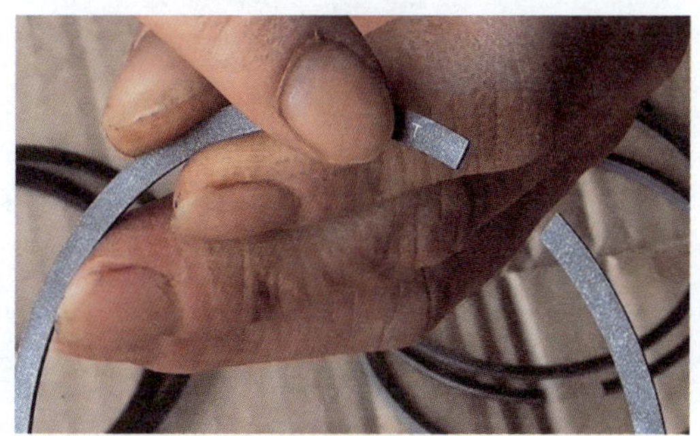

图 1-5-29　第一道气环

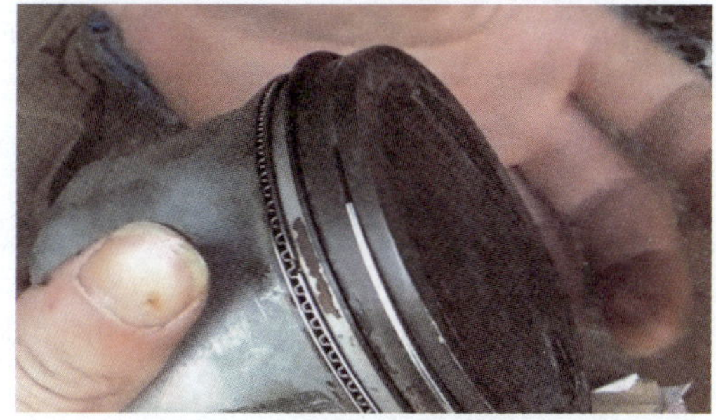

图 1-5-30　活塞环开口错开 120°

第一道气环	
图示	
功用要求	• 第一道气环颜色银亮，且材质较硬，环的开口处形状为一矩形，且环的一面有“T”字样，表明安装朝上。 • 当用活塞环拆装钳配合手将环装进环槽内后，要转动方向，使环的切口与第二道气环相错开 120°，且与活塞销不在同一平面上
第二道气环	
图示	
功用要求	• 第二道气环颜色较暗，质地较薄脆，环的开口处截面为一缺角的梯形，且环的一面有“T”字样，表明安装朝上。 • 当用活塞环拆装钳配合手将环装进环槽内后，要转动方向，使环的切口与第一道气环相错开 120°，且与活塞销不在同一平面上

学习笔记

学习笔记

（17）将安装好活塞环的 1 缸和 4 缸活塞准备好，此时将曲轴旋转，使 1 缸、4 缸位于下止点，将 1 缸活塞垂直放入 1 缸中，用活塞环压缩器紧固活塞环，如图 1-5-31 所示。

（18）用一木柄轻轻敲击活塞环压缩器上部，使其均匀受力并平整。

（19）将木柄迅速往下捅活塞，动作要快，使活塞落入缸中，如图 1-5-32 所示。

（20）4 缸活塞操作如 1 缸。

图 1-5-31　用活塞环压缩器紧固活塞环

图 1-5-32　用木柄敲击活塞环压缩器上部

活塞环压缩器	
图示	
组成及技术要求	• 若将活塞及活塞环装入气缸，必须将活塞环包紧在活塞环槽内，因为活塞环本身弹性的作用，活塞环在自由状态下的外圆直径将大于活塞直径及气缸直径。 • 活塞环压缩器一般用带有刚性的铁皮制成。活塞环压缩器的大小、型号有所不同，选用时要根据活塞的直径选择合适的活塞环压缩器。 • 安装活塞环之前，应按原厂规定检查每个环的弹力、漏光度和各项间隙是否符合标准。安装时，要在活塞及活塞环四周涂好机油，按照要求进行装配，注意活塞环的正反方向等事项。 • 安装活塞环时，应将各环口位置正确地分布后，将活塞环压缩器包裹在活塞的外面，然后使用配套扳手收缩活塞环压缩器，将活塞环压入环槽内

汽车是技术与艺术的结合体。

（21）安装 1 缸、4 缸的活塞连杆瓦，先用手将连杆螺栓带上，并用套筒工具先预紧，如图 1-5-33 所示。

（22）用工具旋转曲轴带轮螺栓，将 2 缸、3 缸位于下止点，同理将 2 缸、3 缸活塞分别敲入缸中，并依次预紧连杆螺栓，如图 1-5-34 所示。

（23）在安装连杆螺栓前，要对正连杆瓦，使凸起与豁口对上，且上下瓦片要对正。

图 1-5-33　安装 1 缸、4 缸的活塞连杆瓦

图 1-5-34　旋转曲轴安装 2 缸、3 缸连杆瓦

活塞连杆瓦	
图示	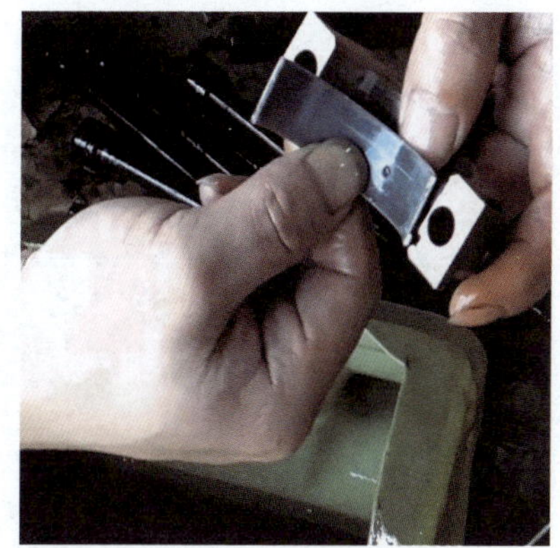
功用及安装要求	• 活塞连杆瓦包括连杆上瓦和连杆下瓦，安装在连杆和曲轴的连接部位，起耐磨、连接、支撑、传动作用。活塞连杆瓦装配时，上下的记号不能对错，瓦口的方向不能对反，螺钉需达到相应扭力。 • 活塞连杆瓦（小瓦）安装时，瓦的凸起与瓦盖的豁口对正，不要装错。这样的安装要求与曲轴旋转方向和油道位置设置有关。油塞连杆瓦缺口是朝机油泵这边的，活塞有箭头和连杆有字的朝向正时齿轮

螺栓力矩要求	
连杆螺栓力矩	30 N·m，拧紧再拧（1/4）圈

学习笔记

学习笔记

（24）按《维修手册》要求分三次旋紧连杆螺栓并加力矩。

（25）装上曲轴后端油封端盖，并安装紧固螺栓，用扭力扳手按规定力矩拧紧，如图 1-5-35 所示。

（26）安装机油泵链条及机油泵，并紧固螺栓。

（27）安装机油泵链条张紧器，并紧固螺栓，如图 1-5-36 所示。

图 1-5-35　安装曲轴后端油封端盖

图 1-5-36　安装机油泵链条张紧器

扭力扳手	
图示	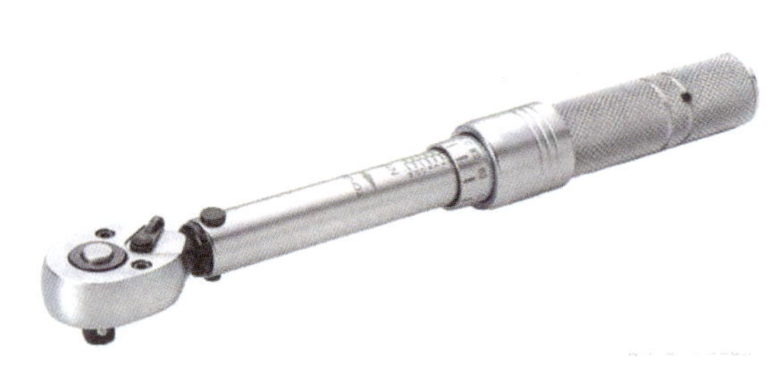
功用及要求	• 扭力扳手又称扭矩扳手。力矩就是力和距离的乘积，在紧固螺钉、螺栓、螺母等螺纹紧固件时需要控制施加的力矩大小，以保证螺纹紧固且不至于因力矩过大破坏螺纹。 • 用扭矩扳手来操作，首先设定好一个需要的扭矩值上限，当施加的扭矩达到设定的上限值时，扳手会发出“咔嗒”声响或者扳手连接处折弯一点角度，这就代表已经紧固，不要再加力了。 • 扭力扳手广泛用于螺栓紧固的精准操作，以达到各螺栓的应力均衡，以确保紧固的机械件安全可靠

螺栓力矩要求	
机油泵螺栓力矩	15 N•m，拧紧再拧（1/4）圈

（28）在曲轴前端盖和接触面上均匀涂抹密封胶，更换新的前端盖油封，装上前端盖，如图 1-5-37 所示。

（29）安装曲轴箱导油板，并紧固螺栓。

（30）更换新的油底壳密封垫，安装油底壳并紧固螺栓，如图 1-5-38 所示。

（31）更换新的气缸垫，按有 TOP 字样的一面朝上安放好。

（32）安装气缸盖，放入气缸盖螺栓，分三次拧紧并加力矩。

（33）安装导油板，更换并安装新的气门室罩盖密封垫，装上气门室罩盖并加以紧固。

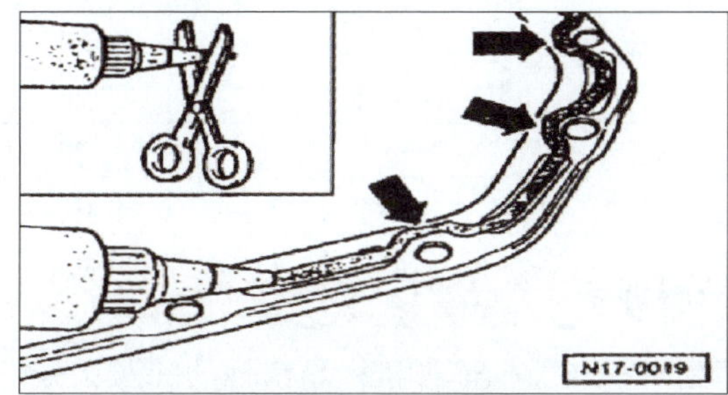

图 1-5-37　在曲轴前端盖和接触面上涂抹密封胶

图 1-5-38　安装油底壳并紧固螺栓

密封胶	
图示	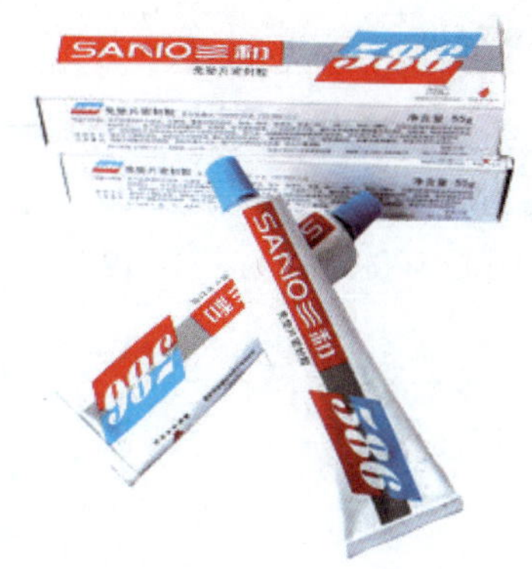
功用要求	• 在汽车发动机、底盘、变速器及转向机等总成装配时所使用的胶类都是密封胶，即为防止“三漏”——油、气、水的渗漏而在各种部件接合面处涂布液态密封胶。 • 密封胶会随密封面形状而变形，不易流淌，有一定黏结性。它是用来填充构形间隙，以起到密封作用的胶粘剂。具有防泄漏、防水、防振动及隔音、隔热等作用。 • 在密封时采用硅硐性质的密封胶，在包装嘴的前部有标志，在该处剪断，涂上 2 ～ 3 mm 的密封胶。注意，所涂密封胶的厚度不要超过 3 mm，否则密封胶会进入油底壳，堵塞油道

学习笔记

任务测评

一、知识测评

确定本任务关键词，按重要程度进行关键词排序并举例解读。

根据自己对重要信息捕捉、排序、表达、创新和划分权重能力进行自评，满分 100 分（见表 1-5-2）。

表 1-5-2　拆装曲柄连杆机构知识测评表

序号	关键词	举例解读	评分自定
1			
2			
3			
4			
5			
总分			

二、能力测评

对表 1-5-3 所列作业内容，操作规范即得分，操作错误或未进行操作即零分。

表 1-5-3　拆装曲柄连杆机构能力测评表

序号	作业内容	配分	得分
1	拆装活塞连杆组	20	
2	拆装机体组	20	
3	曲轴轴向及径向间隙测量	20	
4	量缸表的正确使用	20	
5	活塞环的识别及拆装操作	20	
总分		100	

三、素养测评

对表 1-5-4 所列素养点，做到即得分，未做到即零分。

表 1-5-4　拆装曲柄连杆机构素养测评表

序号	素养点	配分	得分
1	安全、环保意识	20	
2	标准、规范意识	20	
3	5S 意识	20	
4	团队协作精神	20	
5	自主学习精神	20	
总分		100	

四、拓展训练

（1）请列举拆装曲柄连杆机构易出现的问题，分析产生问题的原因并制定解决问题的措施（满分 25 分）。

（2）安装曲轴时，发现曲轴左右串动，试根据现象制定检测流程（满分 25 分）。

（3）如果你去过长城汽车的总部，总能看到几块碑，上面记载的是车型研发失败的案例。“敢于面对，善于总结”，这不正是民族汽车工业的真实写照吗？请按图 1-5-39 所示思维导图格式，对拆装曲柄连杆机构的学习收获进行总结，各举三个事例说明对“自立图强”“不怕失败”的理解（满分 50 分）。

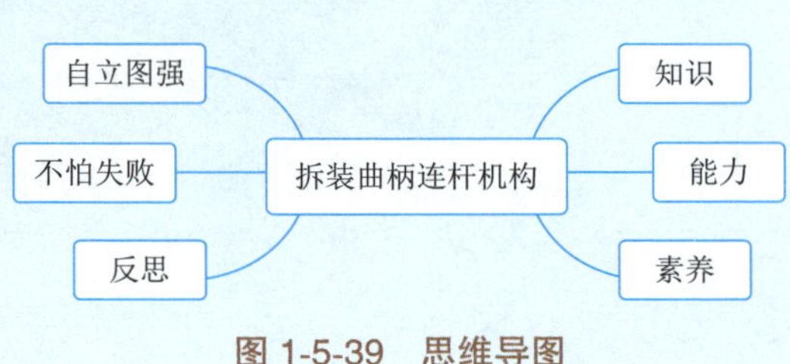

图 1-5-39　思维导图

视频

1-4 捷达发动机的装配

汽车是技术与艺术的结合体。

学习笔记

学习考评

一、考评项目

根据所学，对 2007 款捷达 1.6 L ATK 2 气门电喷发动机配气机构和曲柄连杆机构进行拆装。

二、实施准备

1. 学生准备

学生按照教学进度计划，已经完成了以下学习任务并达到了 75 分以上，可进行该学习考评的实施。

（1）理解并掌握学习考评需要的相关知识和方法，得分大于 75 分。

（2）运用学习考评需要的相关知识和方法进行作业，得分大于 75 分。

（3）按时、按质、按量完成相应作业，得分大于 80 分。

（4）具有自觉遵守技术标准和要求规定、规范操作、安全、环保、“5S”作业、团结协作的好习惯，得分大于 80 分。

（5）能制定 2007 款捷达 1.6 L ATK 2 气门电喷发动机配气机构和曲柄连杆机构拆装流程。

2. 教师准备

（1）在安排学生实施学习考评前，通过课堂问题研讨、作业、实训及其他方式，确认学生已经具备了实施学习考评所需的知识、技能和素养，并确保学生在安全状态下独立进行。

（2）对协助教师进行测评的学生进行测评和监督方法的培训，确保测评结果的准确性和公平性。

（3）准备好测评记录。

三、验证方法与标准

（1）每位测评人员负责对两名学生进行定点、全过程的监控和测评。

（2）详细记录学生在实施学习成果过程中的相关信息、数据、结果、操作方法、完成时间，以及出现错误、事故等情况。

（3）学习考评的作业过程和数据记录等，要求在 60 min 内完成。

（4）考评内容及评分标准见下表。

考评内容及评分标准

评分项	得分条件	评分标准	配分	得分
安全 /5S/ 态度	（1）能进行工位 5S 操作（5 分）。 （2）能进行设备和工具安全检查（3 分）。 （3）能进行工具清洁、校准、存放操作（3 分）。 （4）能进行三不落地操作（4 分）	依据得分条件进行评分	15	
专业技能能力	（1）能够拆卸正时带（7 分）。 （2）能够检查凸轮轴正时带轮正时点（7 分）。 （3）能够检查曲轴带轮正时点（6 分）。 （4）能够检查曲轴正时齿轮正时点（7 分）。 （5）能够检查曲轴带轮正时护壳正时点（6 分）。 （6）能够安装正时带（7 分）。 （7）能够调整张紧轮，并调好张紧度（5 分）。 （8）能够用扭力扳手正确锁紧螺母（5 分）	依据得分条件进行评分	50	

学习笔记

续表

评分项	得分条件	评分标准	配分	得分
资料、信息查询能力	（1）能正确使用维修手册查询资料（2分）。 （2）能在规定时间内查询所需资料（3分）。 （3）能正确记录所查询资料章节及页码（2分）。 （4）能正确记录所需维修信息（3分）	依据得分条件进行评分	10	
工具使用	（1）能正确选用维修工具(2分)。 （2）能正确使用维修工具拆装（2分）。 （3）能正确使用卡簧钳（2分）。 （4）能正确使用专用工具(2分)。 （5）能熟练使用办公软件（2分）	依据得分条件进行评分	10	
数据判读和分析能力	（1）能判断张紧轮是否损坏(5分)。 （2）能判断正时带是否损坏、断裂（5分）	依据得分条件进行评分	10	
表单填写与报告的撰写能力	（1）语句通顺（2分）。 （2）无错别字（1分）。 （3）无抄袭（2分）	依据得分条件进行评分	5	
合计			100	

四、考评报告

说明：考评分为理论考评和实操考评，理论考评根据项目要求以及考评模板格式制定项目实施方案，方案经教师审核合格后，方可进行实操考评。考评报告模板详见附录A。

学习笔记

拓展阅读——汽车生产方式进化史

生产方式是人类文明进步的标志之一，汽车生产方式经历了三个阶段，读者可以体会这三个阶段的特征，了解为什么会出现这种变化。

一、手工作坊式生产

手工作坊式生产产生于16世纪的欧洲，主要以小批量和定制生产形式为主，生产效率低，生产周期长，产品质量难以保证，生产者个人经验和技术水平起了决定作用。

以蒸汽机发明为标志，人类社会开启了第一次工业革命，形成近代工业制造体系，从业者从学徒开始成长，在产品设计和装配方面都有较高的技艺，最后成为制造整台机器的技师或者作坊主。

所以，严格来说，无论是奔驰公司还是福特公司最早都是手工作坊。

二、流水线生产

1769年，英国人乔赛亚•韦奇伍德开办埃特鲁利亚陶瓷工厂，在场内实行精细的劳动分工，他把原来由一个人从头到尾完成的制陶流程分成几十道专门工序，分别由专人完成。这样一来，原来意义上的“制陶工”就不复存在了，存在的只是挖泥工、运泥工、制坯工等，制陶工匠变成了制陶工厂的工人，他们必须按固定的工作节奏劳动，服从统一的劳动管理。根据上述资料，可以明确看出韦奇伍德的这种工作方法已经完全可以定义成为“流水线”。

但真正让流水线生产方式名扬世界的是福特公司创始人亨利•福特。福特公司于1903年创立，在工厂内，专业化分工非常细，工序竟然多达7 882道，为了提高生产率，1913年福特反复试验，确定了一条装配线上所需要的工人数量以及每道工序之间的距离，这样一来，每个汽车底盘的装配时间从12小时28分缩短到1小时33分，现代意义上的流水线生产方式诞生了。

1914年，福特公司的13 000名工人生产了26.7万辆汽车；而同期美国其余299家工厂的66万工人仅生产了28.6万辆汽车，福特公司的人均效率是其他公司的47倍。福特公司之前，一辆轿车的售价为4 700美元左右，1914年福特公司的T型车售价已经降到了360美元，使小轿车成为平民也可以也买得起的交通工具。

三、精益生产方式

20世纪60年代，流水线生产方式如火如荼发展，但弊端也非常明显，产量大、库存积压，造成巨大浪费，同时随着人们生活水平的提升，个性化消费比重越来越高，同质同款产品需求量下降，如何应对这种变化呢？

当时丰田汽车公司总经理丰田英二在福特公司发现了一个大箱子，大家可以随便在上面写建议，他得到灵感，把这个改造成“提案系统”。

除了丰田英二，大野耐一也是丰田精益生产方式的创始人之一。他发现美国超市结账时会给顾客一张小票，这张小票除了换货用之外，超市还可根据小票统计哪个货柜缺货从而及时补货。大野耐一就想，如果汽车生产也能按照这种方法补货，既不少也不多，因为多了货物堆积仓库是种浪费，少了不能及时供应生产。大野耐一据此提出了生产中的“看板管理”，由此，丰田逐步创立了一种全新的多品种、小批量、高效益和低消耗的生产方式。

丰田并没有意识到他们悄无声息的改革酝酿着现代工业生产方式的一场革命。这种生产方式在1973年的石油危机中体现了巨大的优越性。据统计，精益生产让生产时间减少高达90%，库存减少高达90%，生产效率提高60%，市场缺陷减少50%，废品率降低50%，安全指数提升50%。成为20世纪80年代日本在汽车市场竞争中取胜的法宝。

学习笔记

1990 年美国人詹姆斯·沃麦克在其所著《改变世界的机器》一书中，将这种生产方式命名为“精益生产”。

思考：考察一下你身边的十家企业（大、中、小），判断一下都是采用了什么样的生产方式？

学习笔记

学习笔记

项目二　拆装汽车底盘系统

一、项目描述

完成 2007 款捷达 1.6 L 手动挡轿车底盘系统拆装作业。

二、项目要求

依据 2007 款捷达 1.6 L 手动挡轿车的技术要求与标准，正确使用工具，完成如下检修作业：

（1）拆装变速器及检修离合器作业；

（2）拆装转向系统作业；

（3）拆装行驶系统作业；

（4）拆装制动系统作业。

三、学习目标

（1）能够准确描述汽车底盘系统的组成和功用；

（2）能够准确描述拆装变速器及检修离合器作业方法；

（3）能够准确描述拆装转向系统作业方法；

（4）能够准确描述拆装行驶系统作业方法；

（5）能够准确描述拆装制动系统作业方法；

（6）能够规范地对变速器进行拆装及离合器检修作业；

（7）能够规范地对转向、行驶、制动系统进行拆装作业；

（8）养成自觉遵守技术标准和要求规定、规范操作、安全、环保、“5S”作业的好习惯；

（9）树立合作成事的工作观；

（10）体会汽车改装中的创新需求。

四、学习载体

2007 款捷达 1.6 L 轿车整车底盘系统见下图。

2007 款捷达 1.6 L 轿车整车底盘系统

底盘由传动系统、转向系统、行驶和制动系统组成。主要功用：传递发动机产生的动能给驱动轮、车辆行驶、转向和制动及车辆支撑。

学习笔记

学习笔记

任务一　拆装变速器及检修离合器

职业行动

步骤一：作业准备

1. 作业场地

选择带有消防设施的作业场地。

2. 设备设施

2007 款捷达 1.6 L 轿车（整车且能够正常起动）、工具车、零件车。

3. 工量辅具（见表 2-1-1）

表 2-1-1　拆装变速器及检修离合器工量辅具

套筒扳手组合套具	变速器托架	拉拔器
指针式扭力扳手	预置力式扭力扳手	防护三件套

4. 零件耗材

手套、抹布、防护三件套。

职业知识

三种类别安全防护措施

防护类别	防护措施
个人防护	维修人员必须身穿工作服、工作鞋，戴工作帽、手套。 工作服拉链及皮带扣应藏于衣服内侧，袖口、领口、裤脚扣紧。 维修人员不得戴手表、戒指、项链等金属饰品进行作业
车辆防护	车辆进入车间内，应停放至指定地点，熄灭发动机，将变速器置于空挡位置，进行驻车制动。 维修操作前，应铺设三件套及翼子板布
场地防护	维修车间应配有干粉灭火器及相应的消防设施。 所有工具、零部件、设备、车辆等应整齐地摆放在指定位置。 操作过程中应做到油品、工具、配件三不落地。 作业完毕应及时清理车间工作场地

拉拔器的功用及使用原则

- 拉拔器是将内轴承从轴承座内取出的装置，包括安装板、拉力螺栓和通丝螺栓。
- 使用时，每个拉力螺栓的底部有能挂住内装轴承底部的拉爪，在每个拉力螺栓上安装有紧固螺母，在安装板的中部有不少于一个的长孔，每个拉力螺栓的下端穿过长孔并伸到安装板的下方，紧固螺母能卡在长孔处的安装板上，在长孔外侧的安装板上固定有不少于两个的定位螺母

不善于倾听不同的声音，是管理者最大的疏忽。

步骤二：拆卸变速器

（1）拆卸蓄电池负极接线，以及与变速器相连的电器线束（车速传感器），如图 2-1-1 所示。

（2）拆卸离合器分离拉索及起动机，如图 2-1-2 所示。

（3）拆分发动机与变速器之间相连的螺栓，注意要间隔拆下。如图 2-1-3 所示。

图 2-1-1　拆卸蓄电池负极接线

图 2-1-2　拆卸离合器分离拉索及起动机

图 2-1-3　拆分发动机与变速器之间相连的螺栓

学习笔记

离合器分离拉索

图示	
装配要求	• 拆卸时，要先将夹紧带从吊耳的开口处拿出，压下离合器踏板至限位块，其调整方向上拉索必须用新的拉索。 • 如果调整机构不能压在一起时，表明其中有损坏元件。 • 拆卸离合器分离拉索时，白色的卡扣要拔开，使机构能够自动张紧

车速传感器

图示	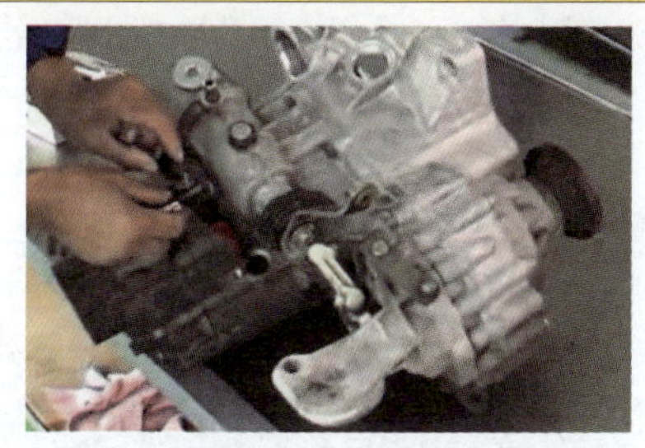
功用	车速传感器是用来检测电控汽车车速的装置，电脑用这个输入信号来控制发动机怠速、自动变速器的变扭器锁止、自动变速器换挡

螺栓力矩要求

发动机与变速器连接螺栓力矩	65 N·m

不善于倾听不同的声音，是管理者最大的疏忽。

学习笔记

（4）用轮胎扳手拆卸轮胎。

（5）用工具拆卸下支臂球头、内球笼与变速器和差速器法兰相连的六个固定螺栓，将拆下的半轴放置于操作台上，如图 2-1-4 所示。

（6）用小吊吊装发动机与变速器总成，并移至操作台上，如图 2-1-5 所示。

图 2-1-4　拆卸内球笼固定螺栓

图 2-1-5　吊装发动机与变速器总成

轮胎扳手	
图示	
功用	根据车轮固定螺栓的大小，定位套住所要拆装的螺钉，用手施力于增力螺杆上的扳棍使之绕螺杆旋转，对旋转六角套筒产生一个很大的扭力矩将所套住的螺钉旋动，达到拆卸和安装螺栓的作用

内球笼总成	
图示	
功用	汽车发动机产生的动能通过离合器接合及变速器变速变矩，由差速器法兰传递给半轴一端的内球笼，经过半轴另一端的外球笼，进而传到驱动轮

螺栓力矩要求	
轮胎螺栓力矩	165 N • m

不善于倾听不同的声音，是管理者最大的疏忽。

（7）拆卸发动机前机脚架，如图 2-1-6 所示。

（8）拆卸发动机与变速器的连接固定螺栓后，将二者分离，如图 2-1-7 所示。

（9）拆卸变速器壳体的观察孔固定螺栓。

（10）拆卸变速器倒挡开关及车速传感器固定螺栓。

图 2-1-6　拆卸发动机前机脚架

图 2-1-7　分离发动机与变速器

变速器油位观察孔	
图示	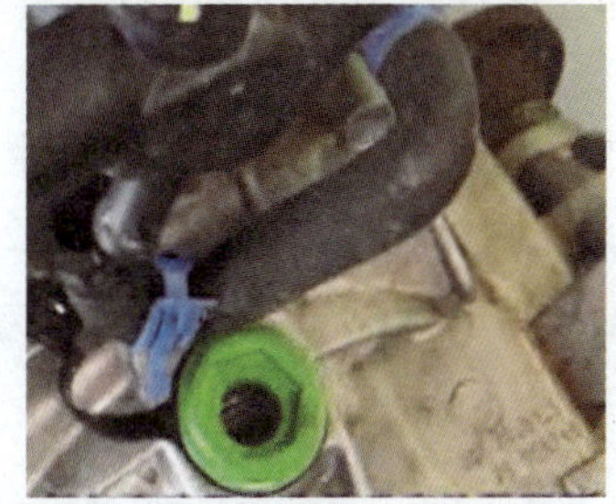
功用	变速器油位观察孔是观察 ATF 油的油位，有的车型没有此观察孔，需用变速器油尺来判定油位
变速器倒挡开关	
图示	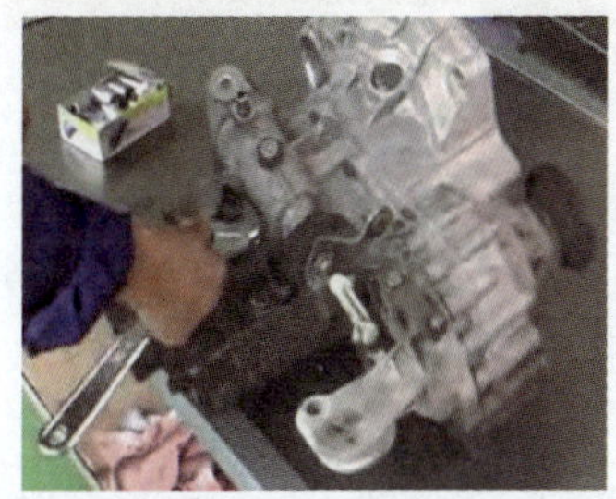
功用及工作原理	• 倒挡开关的功用是在汽车倒车时通过倒挡开关开启倒车灯和倒车雷达。 • 传统汽车变速器倒挡开关为触点式结构，开关内设有上下触点，工作时靠机械机构将上下触点压到闭合接触状态，电路导通；当脱开倒挡时，上下触点分离，开关断开
螺栓力矩要求	
发动机机脚架螺栓力矩	65 N·m

学习笔记

学习笔记

（11）拆卸变速器后壳罩盖并取出分离轴承，如图2-1-8所示。

（12）拆卸变速器安装支座的三个螺栓，取下支座，如图 2-1-9 所示。

（13）用专用工具拧下输入轴（主动轴）锁紧螺栓，用一字螺丝刀撬出五挡止动圈，并取出弹簧，如图 2-1-10 所示。

图 2-1-8　拆卸变速器后壳罩盖

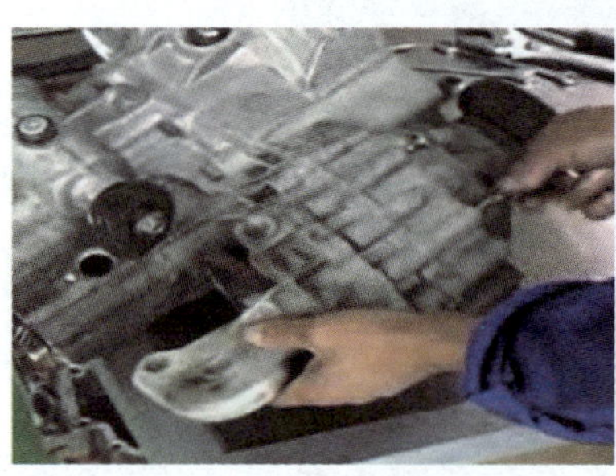

图 2-1-9　拆卸变速器支座

图 2-1-10　用一字螺丝刀撬出五挡止动圈

变速器后壳罩盖

图示	
组成及功用	• 变速器后壳罩盖是变速器壳体最小的一部分，外部有分离杠杆（长、短），里面包括变速器五挡齿轮组。 • 储存一定的齿轮油，润滑齿轮和轴承，防止磨损和锈蚀，帮助齿轮散热。

螺栓力矩要求

变速器安装支座螺栓力矩	40 N·m

学习笔记

（14）用尖嘴钳取出五挡拨叉的定位杆（一般是用尖嘴钳逆时针旋转两个螺纹的距离即可拧松），取下滑动齿套，如图 2-1-11 所示。

（15）拆卸五挡同步器总成，如图 2-1-12 所示。

（16）撬出五挡从动齿轮的锁定卡簧，取出五挡从动齿轮，如图 2-1-13 所示。

图 2-1-11　用尖嘴钳取出五挡拨叉的定位杆

图 2-1-12　拆卸五挡同步器总成

图 2-1-13　撬出五挡从动齿轮的锁定卡簧

五挡齿轮	
图示	
装配要求	• 若输入轴上的是大齿轮，则对应输出轴上的是小齿轮，大齿轮带动小齿轮为增速运动。 • 五挡齿轮组中输入轴上的是大齿轮，输出轴上的是小齿轮，则五挡即为高速挡
五挡同步器	
图示	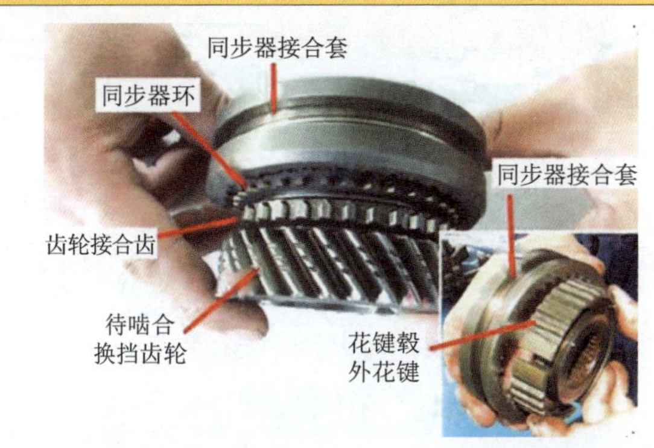
功用	变速器的换挡操作，尤其是从高挡向低挡的换挡操作比较复杂，为了简化操作，并避免齿间冲击，需要在换挡装置中设置同步器

学习笔记

（17）拧下变速器壳体上的四个紧固螺栓，取下换挡轴止动螺栓，如图 2-1-14 所示。

（18）撬出差速器万向法兰内密封件，取出卡环，用专用工具拉出法兰，如图 2-1-15 所示。

（19）同时取出法兰后端的压力弹簧和止推垫片。

（20）用同样的方法拆卸另一侧法兰。

图 2-1-14　取下换挡轴止动螺栓

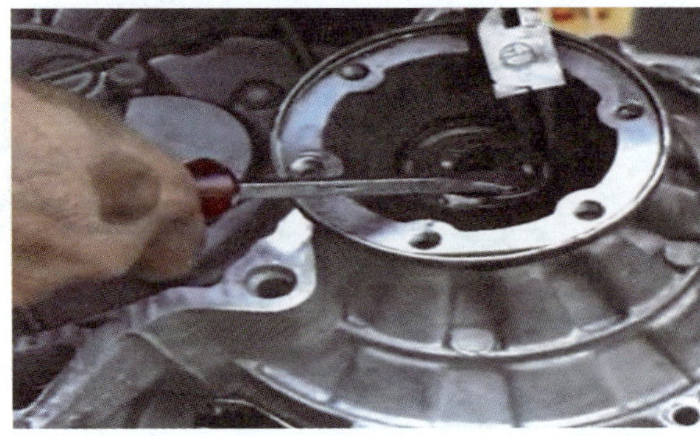

图 2-1-15　取出法兰后端的压力弹簧和止推垫片

差速器法兰

图示	
功用与拆装要求	• 差速器两侧法兰分别连接汽车两根半轴的内球笼，当汽车无论是直行还是转弯时，发动机的动力通过离合器接合，然后传递给变速器进行变速变矩，再通过差速器的两侧法兰传递给半轴进而传递给驱动轮。 • 差速器两侧法兰运转时的方向是相反的。 • 差速器法兰中的油封应予以更换新品。 • 在拆卸差速器法兰盘时可用锤子轻轻敲出（锤头需垫有软布），也可用专用拉马拉出。 • 捷达轿车的两侧差速器法兰盘可互换

螺栓力矩要求

变速器壳体螺栓力矩	40 N • m

不善于倾听不同的声音，是管理者最大的疏忽。

（21）用大力钳拧下选挡换挡轴的罩盖，如图 2-1-16 所示。

（22）用卡簧钳取出弹性挡圈和压力弹簧，如图 2-1-17 所示。

（23）由另一端压出选挡换挡轴总成。

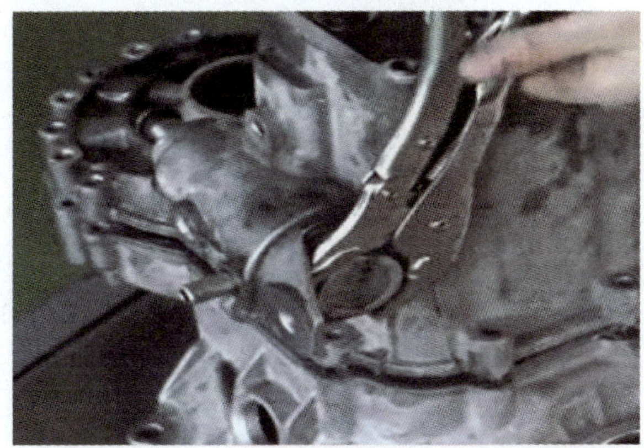

图 2-1-16　用大力钳拧下选挡换挡轴的罩盖

图 2-1-17　用卡簧钳取出弹性挡圈和压力弹簧

大力钳	
图示	
功用	• 主要用于夹持零件进行铆接、焊接、磨削等加工，其特点是钳口可以锁紧并产生很大的夹紧力，使被夹紧零件不会松脱。 • 钳口有很多挡调节位置，供夹紧不同厚度的零件使用，另外也可作为扳手使用

选挡换挡轴	
图示	
功用	选挡换挡轴是控制变速器壳体内部换挡机构拨叉的装置，它一端与各挡位拨叉连接，一端连接外部换挡机构（远距离操纵式换挡机构拉杆与摇臂相连）

学习笔记

学习笔记

（24）用拉拔器（拉马）拉出变速器壳体，如图 2-1-18 所示。

（25）拆下倒挡换挡支架螺栓，取下倒挡换挡杠杆、压力弹簧及滑块，如图 2-1-19 所示。

（26）取出换挡拨叉总成，如图 2-1-20 所示。

图 2-1-18　用拉拔器（拉马）拉出变速器壳体

图 2-1-19　取下倒挡换杠杆、压力弹簧及滑块

图 2-1-20　取出换挡拨叉总成

<table>
<tr><th colspan="2">变速器壳体</th></tr>
<tr><td>图示</td><td>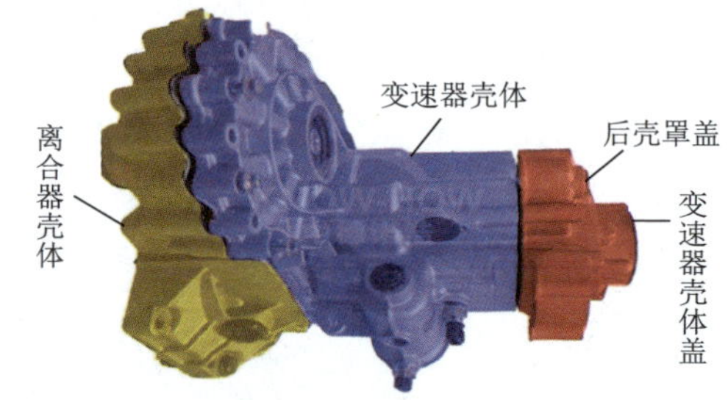</td></tr>
<tr><td>功用</td><td>• 手动变速器的壳体由三部分构成，即离合器壳体（俗称大瓢）、变速器壳体（俗称中瓢）、后壳罩盖（俗称小瓢）。
• 离合器壳体罩在离合器总成上，内有输入轴及分离轴承衬套等零件</td></tr>
<tr><th colspan="2">换挡拨叉</th></tr>
<tr><td>图示</td><td></td></tr>
<tr><td>功用</td><td>变速器换挡拨叉的功用是拨动同步器齿环，以实现各前进挡齿轮的接合与分离</td></tr>
</table>

不善于倾听不同的声音，是管理者最大的疏忽。

（27）用一字螺丝刀取出输出轴四挡齿轮弹性挡圈，取出输入轴齿轮组，取下输出轴四挡从动齿轮，如图 2-1-21 所示。

（28）取下输出轴三挡从动齿轮弹性挡圈（卡簧），如图 2-1-22 所示。

（29）用拉拔器拉出输出轴三挡从动齿轮，如图 2-1-23 所示。

图 2-1-21　取出输出轴四挡齿轮弹性挡圈

图 2-1-22　取下输出轴三挡从动齿轮弹性挡圈（卡簧）

图 2-1-23　用拉拔器拉出输出轴三挡从动齿轮

三、四挡齿轮组动力传递路线	
图示	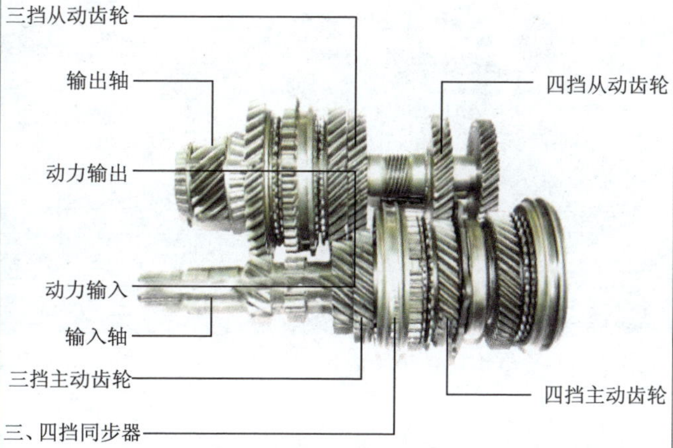 三挡从动齿轮 输出轴 动力输出 动力输入 输入轴 三挡主动齿轮 三、四挡同步器 四挡从动齿轮 四挡主动齿轮
工作原理	• 三挡和四挡的齿轮组及其动力传递路线，输入轴的主动齿轮要大，而输出轴的齿轮要小，三、四挡同步器位于输入轴上。 • 四挡是高速挡，而三挡是低速挡过渡到高速挡的中间挡位。无论是主动齿轮还是从动齿轮均是斜齿齿轮

学习笔记

学习笔记

（30）取出二挡主动齿轮，如图 2-1-24 所示。

（31）取出输出轴滚针轴承及二挡同步环，如图 2-1-25 所示。

（32）取出一、二挡滑动齿套，如图 2-1-26 所示。

图 2-1-24　取出二挡主动齿轮

图 2-1-25　取出输出轴滚针轴承及二挡同步环

图 2-1-26　取出一、二挡滑动齿套

一、二挡齿轮组动力传递路线

<table>
<tr><td>图示</td><td>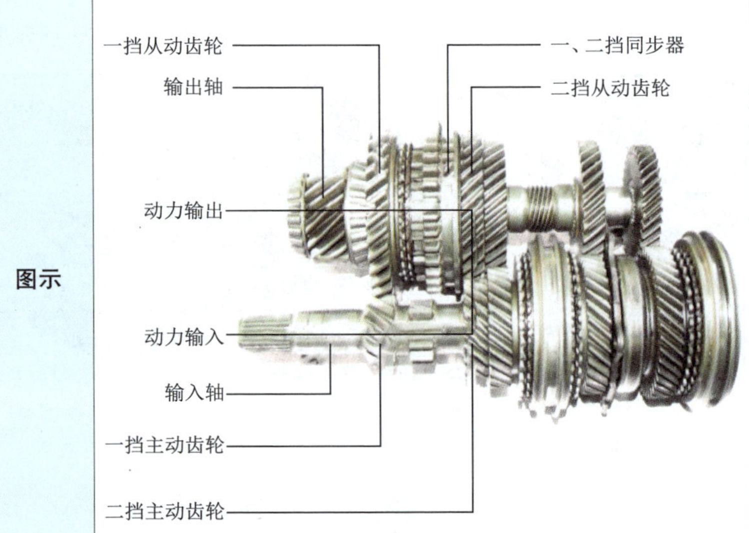</td></tr>
<tr><td>工作原理</td><td>• 一挡和二挡的齿轮组及其动力传递路线，与三、四挡齿轮组不同的是：二挡的主动齿轮是小的，而二挡的从动齿轮是大的，一、二挡同步器位于输出轴上。
• 一、二挡从动齿轮通过轴承安装在输出轴上，一、二挡主动齿轮直接加工在输入轴上，一挡和二挡均为低速挡</td></tr>
</table>

不善于倾听不同的声音，是管理者最大的疏忽。

（33）取出倒挡齿轮、倒挡轴及限位块，如图 2-1-27 所示。

（34）用拉拔器拉出一、二挡同步器齿毂及一挡同步器环，如图 2-1-28 所示。

图 2-1-27　取出倒挡齿轮、倒挡轴及限位块

图 2-1-28　用拉拔器拉出一、二挡同步器齿毂及一挡同步器环

倒挡齿轮组动力传递路线

图示	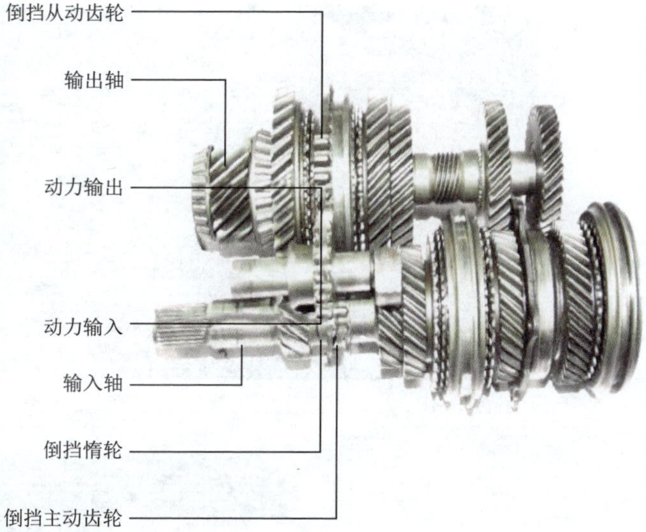 倒挡从动齿轮 输出轴 动力输出 动力输入 输入轴 倒挡惰轮 倒挡主动齿轮
工作原理	• 倒挡主动齿轮与从动齿轮分别加工在变速器输入轴上和一、二挡同步器的接合套上，并通过倒挡轴上惰轮来改变传递方向。 • 倒挡因为不经常工作，且一般在车辆静止的情况下进入啮合，所以倒挡不采用同步器，且采用直齿齿轮。挂倒挡时，只需将倒挡惰轮沿倒挡轴滑入倒挡主动齿轮与从动齿轮之间即可

学习笔记

学习笔记

步骤三：拆卸离合器

（1）按间隔顺序拆卸飞轮盘上的固定螺栓，如图2-1-29所示。

（2）取下飞轮和从动盘，如图 2-1-30 所示。

图 2-1-29　按间隔顺序拆卸飞轮盘上的固定螺栓

图 2-1-30　取下飞轮和从动盘

飞轮

图示	
功用	飞轮的主要作用是储存发动机做功行程外的能量和惯性。四冲程发动机只有做功一个行程是有效行程，而吸气、压缩、排气的能量来自飞轮存储的能量

从动盘

图示	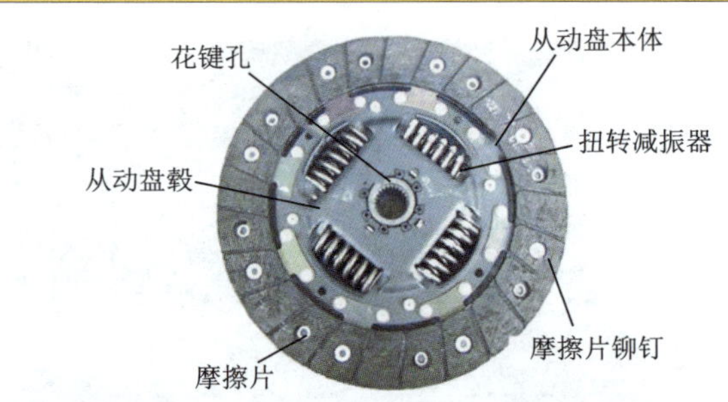
功用	离合器从动盘通过摩擦转换，把发动机的扭矩传给变速器，减小传动系统的振动和冲击，完成“离”“合”任务

螺栓力矩要求

飞轮固定螺栓螺母力矩	45 N • m

不善于倾听不同的声音，是管理者最大的疏忽。

（3）拆下固定环，取下分离压盘，如图 2-1-31 所示。

（4）按顺序拆卸中间板的固定螺栓，取出分离压盘，如图 2-1-32 所示。

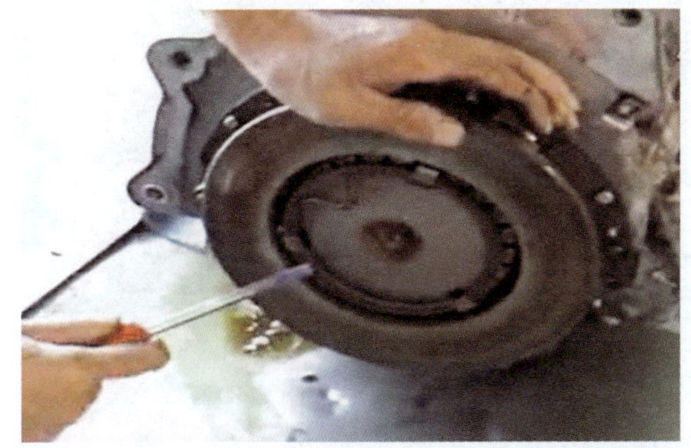

图 2-1-31　拆下固定环，取下分离压盘

图 2-1-32　取出分离压盘

压盘	
图示	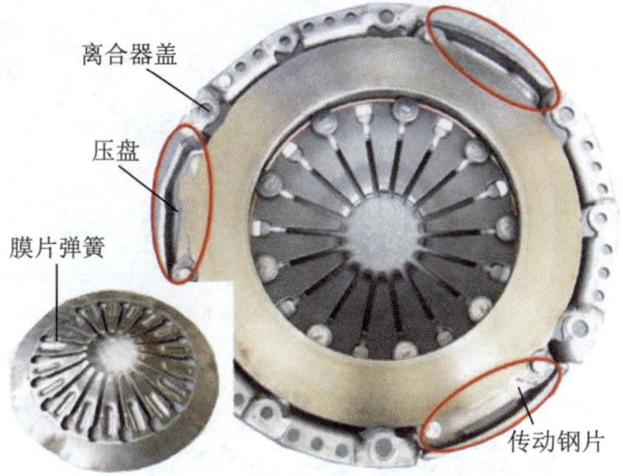 离合器盖 压盘 膜片弹簧 传动钢片
功用	压盘是离合器中的主动部分，与离合器盖一起通过螺钉固定在飞轮上。离合器接合时，压盘紧压离合器摩擦片，通过摩擦片将发动机动力传递到变速器输入轴；离合器分离时，压盘向变速器方向移动，此时动力传递切断

螺栓力矩要求	
压盘固定螺栓螺母力矩	30 N·m，拧紧再拧（1/4）圈

学习笔记

学习笔记

（5）拆卸中间板，如图 2-1-33 所示。

（6）将拆装下的离合器总成各零件摆放在操作台上，如图 2-1-34、图 2-1-35 所示。

图 2-1-33　拆卸中间板

图 2-1-34　离合器总成各零件

图 2-1-35　将拆装下的离合器总成各零件摆放在操作台上

<table>
<tr><th colspan="2">离合器</th></tr>
<tr><td>图示</td><td>离合器推杆
分离杠杆（小）
分离轴承
分离杠杆（大）</td></tr>
<tr><td>工作原理</td><td>• 压盘在膜片弹簧作用力下与飞轮紧紧贴合，将从动盘夹紧。
• 从动盘与飞轮和压盘一起旋转。当踩下离合器踏板时，离合器踏板拽动变速器后端的分离杠杆，分离杠杆转动将作用力通过离合器分离轴承和变速器输入轴中间的推杆传到离合器分离盘上，顶动分离盘克服膜片弹簧力向发动机方向移动。
• 膜片弹簧带动压盘向发动机方向移动。压盘与飞轮分开，从动盘自由转动，发动机与变速器的动力传递终止</td></tr>
<tr><th colspan="2">螺栓力矩要求</th></tr>
<tr><td>中间板螺栓力矩</td><td>30 N·m，拧紧再拧（1/4）圈</td></tr>
</table>

不善于倾听不同的声音，是管理者最大的疏忽。

步骤四：检修离合器

（1）检查膜片弹簧的所有分离指是否在同一高度，是否有断裂或过度磨损等现象，如图 2-1-36 所示。

（2）检查压盘工作表面是否有明显磨损沟槽，表面是否烧蚀、翘曲、破裂，如图 2-1-37 所示。

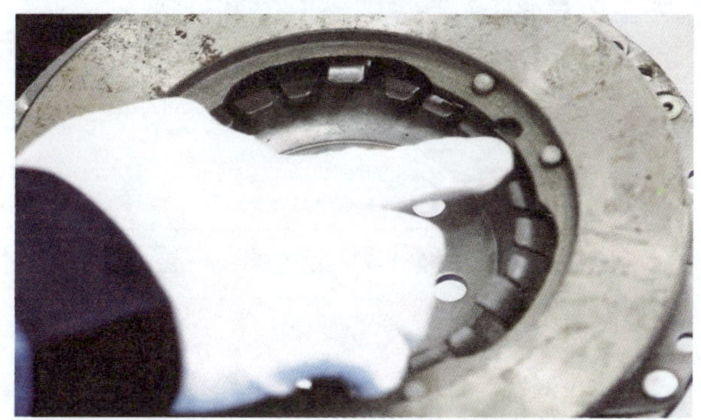

图 2-1-36　检查膜片弹簧的分离

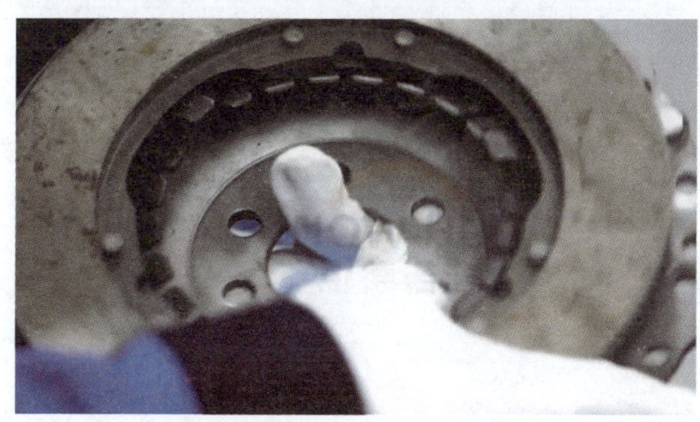

图 2-1-37　检查压盘工作表面

检查压盘表面	
图示	
工作原理	• 离合器工作时主要靠压盘及飞轮的工作面与从动盘之间的摩擦力传递动力，这样的离合器称为干式摩擦式离合器。 • 离合器组件一时出现损坏，就会导致动力丢失，故障现象为踩加速踏板后车不走，因此要对离合器压盘表面进行检查。 • 检查时，如发现压盘表面出现断裂或过度磨损、烧蚀、翘曲、破裂、沟槽现象，应予以更换

学习笔记

学习笔记

（3）检查压盘铆接点，是否有开铆或损坏，如图 2-1-38 所示。

（4）用刀口尺或直尺配合塞尺检查压盘的平面度，如图 2-1-39 所示。

图 2-1-38　检查压盘铆接点

图 2-1-39　检查压盘的平面度

压盘铆钉	
图示	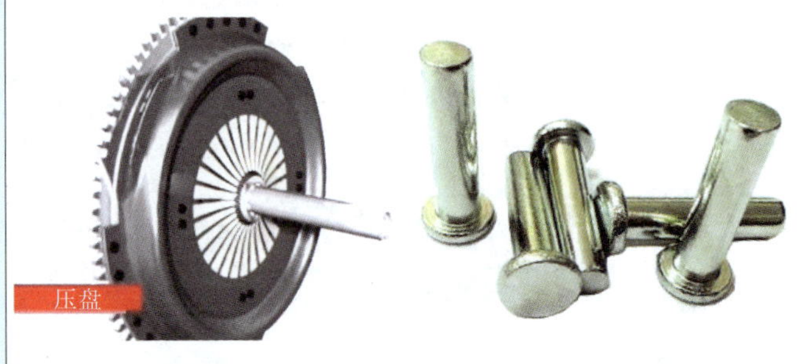
功用与工作原理	• 压盘通过压盘铆钉与飞轮连接在一起，离合器片位于压盘与飞轮之间。 • 压盘铆钉一旦松动、开铆，直接会影响压盘与飞轮的贴合度，使旋转轴心不在一个平面上。如果开铆程度较大，可引起起步困难、打滑，发动机动力无法输出。 • 压盘铆钉的检查是离合器总成检查的一项重要指标，一旦出现上述现象，必须予以更换

不善于倾听不同的声音，是管理者最大的疏忽。

（5）检查离合器从动盘毂花键是否有磨损、缺齿现象，如图 2-1-40 所示。

（6）检查扭转减振器弹簧是否存在断裂或明显变形现象，如图 2-1-41 所示。

（7）用游标卡尺深度尺检查从动盘铆钉坑深度是否磨损到极限，如图 2-1-42 所示。

图 2-1-40　检查从动盘毂花键

图 2-1-41　检查扭转减振器弹簧

图 2-1-42　检查从动盘铆钉坑深度

从动盘内扭转减振器	
图示	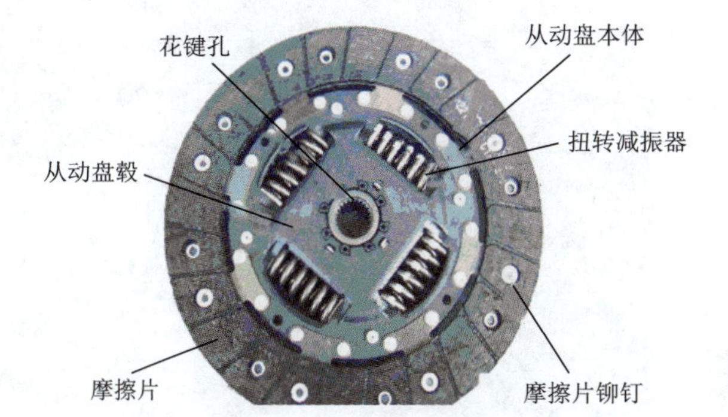
组成及工作原理	• 从动盘毂和减振盘中都开有四个矩形窗孔，在每个窗孔中都装有减振弹簧，并有铆钉（又称限位销）将从动盘、从动盘毂和减振盘铆成一个整体，并在从动盘毂上开有和铆钉隔套相配的的缺口，在缺口和隔套之间留有一定间隙，允许从动盘与从动盘毂之间有一个相应的角度。 • 当传动系统转角速度因外界原因突然变化时，也可通过减振弹簧的缓和，而对发动机的牵连作用大为减弱，使飞轮的转速变化较为平缓，从而使飞轮的惯性力大大下降，传动系统各部件不至受到过大的冲击负荷

学习笔记

学习笔记

（8）检查离合器压杆顶端磨损情况，如图 2-1-43 所示。

（9）检查分离轴承磨损情况，如图 2-1-44 所示。

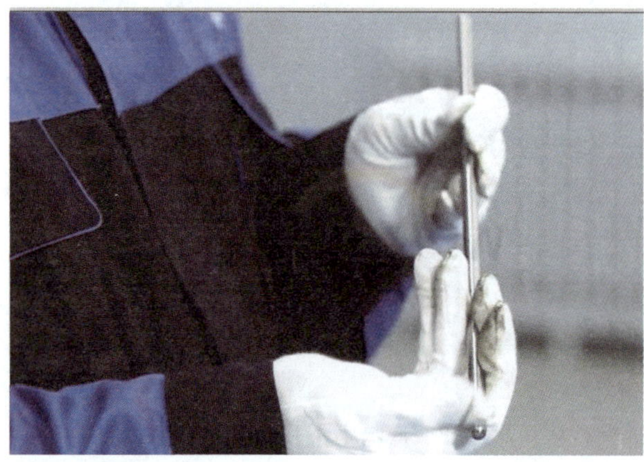

图 2-1-43　检查离合器压杆顶端磨损情况

图 2-1-44　检查分离轴承磨损情况

分离轴承	
图示	
工作原理	• 在踩下离合器踏板时使承受弹簧推力的压杆向离合器罩壳方向移动，翘动分离杠杆来克服压盘弹簧推力，以完成离合器的分离工作。 • 离合器的分离杠杆是随着离合器踏板一起转动的，而与离合器踏板联动的操作机构则不能旋转。为了适应两者之间的不同运动条件，可采用分离轴承以减小摩擦磨损。 • 如果分离轴承因缺油而失去滑动作用，那不但会产生异响，而且还会使分离杠杆受力点加剧磨损，则离合器踏板起动有效行程越来越小。 • 离合器片与压盘脱离不完全时，换挡会产生异响。分离杠杆磨损会引起离合器踏板分离不彻底，俗称切不开离合器片，最后造成挂不上挡或挂挡困难

不善于倾听不同的声音，是管理者最大的疏忽。

步骤五：装配离合器

（1）将压盘固定在曲轴上，装上中间盘，拧紧固定螺栓，如图 2-1-45 所示。

（2）装上分离盘和固定环，如图 2-1-46 所示。

（3）装上从动盘和飞轮，拧紧固定螺栓，如图 2-1-47 所示。

（4）装上盖板。

图 2-1-45　固定离合器压盘

图 2-1-46　装上分离盘和固定环

图 2-1-47　装上从动盘和飞轮

离合器分离	
图示	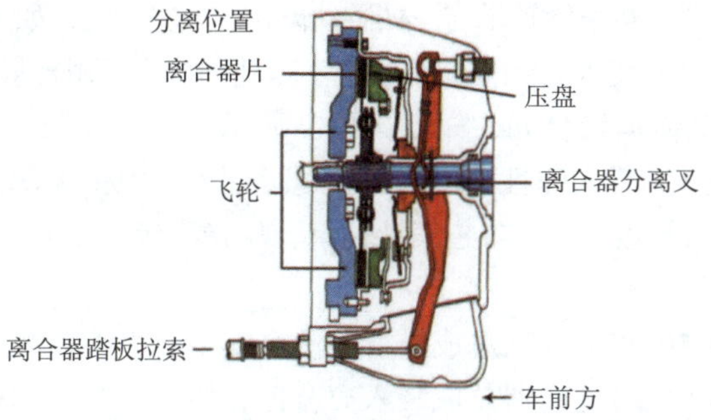 分离位置 离合器片 压盘 飞轮 离合器分离叉 离合器踏板拉索 车前方
操作要求	变速器置于空挡，踩下离合器踏板，离合器片与飞轮分离，中断动力输出

离合器接合	
图示	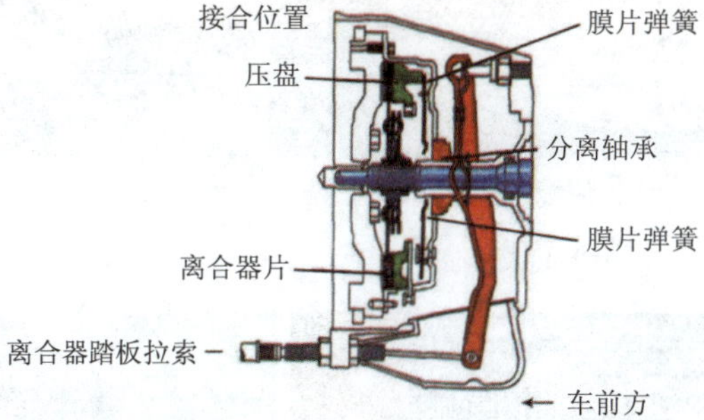 接合位置 膜片弹簧 压盘 分离轴承 膜片弹簧 离合器片 离合器踏板拉索 车前方
操作要求	变速器置于空挡，慢抬离合器踏板，离合器片与飞轮接合，发动机动力输出

螺栓力矩要求	
压盘固定螺栓力矩	30 N・m

学习笔记

不善于倾听不同的声音，是管理者最大的疏忽。

学习笔记

步骤六：装配变速器

（1）将滚针轴承与三挡游动齿轮装入输入轴，如图 2-1-48 所示。

（2）装入三挡同步环，三、四挡同步器，用橡胶锤敲击到位，检查其应运转自如，如图 2-1-49 所示。

（3）装入弹性挡圈、四挡同步器环、滚针轴承及四挡游动齿轮、张紧板；装入向心滚针轴承，用橡胶锤敲击到位，如图 2-1-50 所示。

（4）将输入轴总成进行清洗和吹干。

（5）将差速器总成装入离合器壳体，如图 2-1-51 所示。

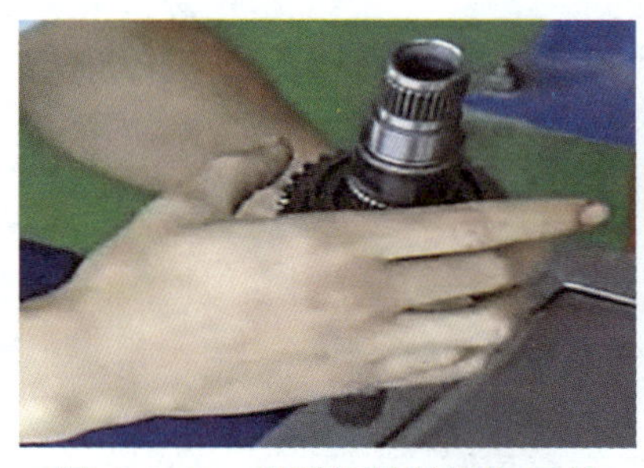

图 2-1-48　装配滚针轴承与三挡游动齿轮

图 2-1-49　装入三、四挡同步器

图 2-1-50　装入四挡同步环、张紧板

图 2-1-51　将差速器总成装入离合器壳体

同步器环

图示	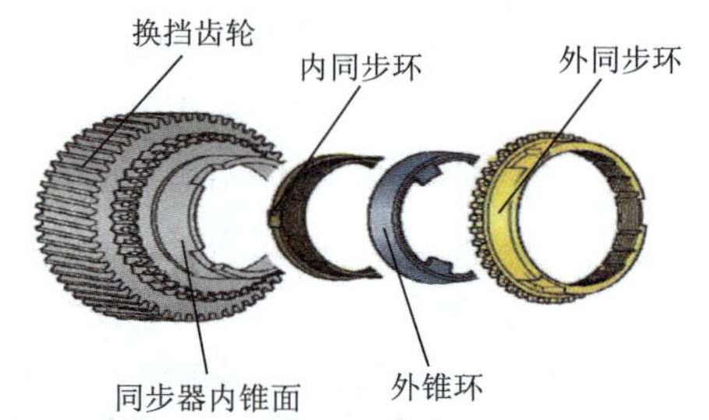
组成功用	• 由内同步环、外锥环、外同步环组成。 • 同步器环是接合套和齿轮组上布置的摩擦片，与一般摩擦片不同的是，它的摩擦面是锥形的。这组摩擦片的作用是在直齿和圆盘的立齿相接触以前，提前进行摩擦，来将转速较大的一方的能量传递给转速较小的一方，使得转速较小的一方提升转速，达到与转速较大的一方转速同步。这样不仅可以保证正常换挡，还能起到缓冲的作用

滚针轴承

图示	
功用	• 支撑、承担径向载荷。 • 用来固定轴，使轴只能实现转动，而控制其轴向和径向的移动

不善于倾听不同的声音，是管理者最大的疏忽。

（6）装入输出轴及轴承座，拧紧四个紧固螺栓，如图 2-1-52 所示。

（7）装入止推垫片和滚针轴承，装入一挡游动齿轮及一、二挡同步器（先装入一挡同步环，再装入同步器齿毂与同步器滑块、同步器滑动齿套），如图 2-1-53 所示。

（8）装入二挡同步环和二挡滚针轴承与内滑套，并装入二挡游动齿轮，如图 2-1-54 所示。

（9）装入三挡从动齿轮和弹性挡圈，如图 2-1-55 所示。

图 2-1-52　装入输出轴及轴承座

图 2-1-53　装入一挡游动齿轮及一、二挡同步器

图 2-1-54　装入二挡游动齿轮

图 2-1-55　装入三挡从动齿轮和弹性挡圈

输出轴（二轴）	
图示	
工作原理	• 输出轴是一个花键轴，动力通过它输出，再通过差速器来驱动汽车。 • 车轮转动会带着输出轴一起转动
输入轴（一轴）	
图示	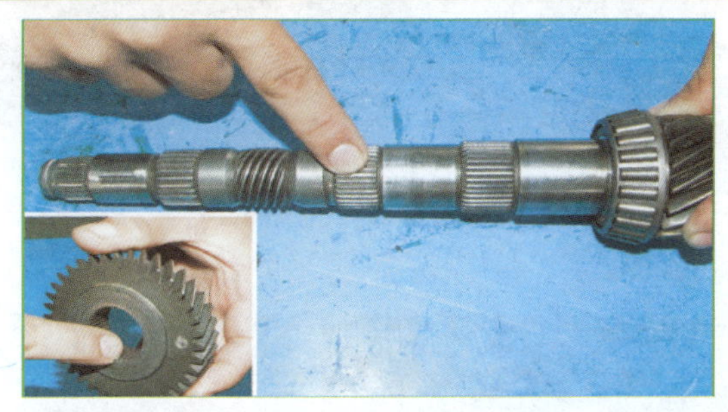
工作原理	输入轴通过离合器与发动机相连，输入轴和上面的齿轮是一个部件，称为齿轮轴

螺栓力矩要求	
输出轴轴承座螺栓力矩	45 N • m

学习笔记

学习笔记

（10）装入输入轴总成。

（11）装入倒挡轴和倒挡齿轮，如图 2-1-56 所示。

（12）装上输出轴四挡从动齿轮并装上弹性挡圈，如图 2-1-57 所示。

（13）将装好的变速器齿轮组进行清洗、吹干操作。

（14）将压力弹簧装入变速杆座孔内，对应各挡位装上前进挡拨叉总成，如图 2-1-58 所示。

（15）将倒挡拨叉、压力弹簧及支座安装入位，拧好固定螺钉，如图 2-1-59 所示。

图 2-1-56　装入倒挡轴和倒挡齿轮

图 2-1-57　装上输出轴四挡从动齿轮

图 2-1-58　装上前进挡拨叉总成

图 2-1-59　将倒挡拨叉、压力弹簧及支座安装入位

前进挡齿轮

图示	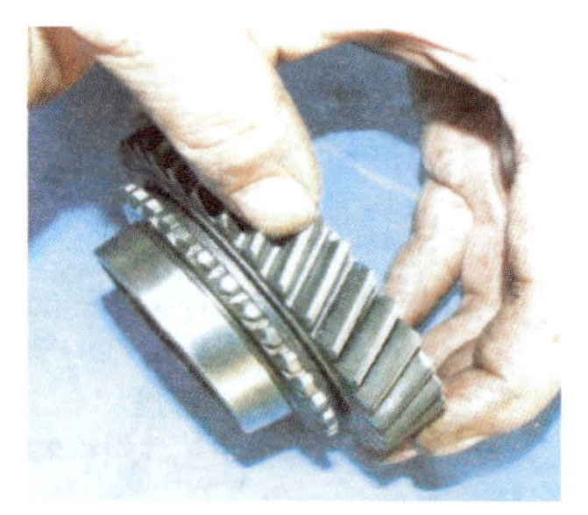
分类及功用	• 前进挡齿轮分为斜齿齿轮、直齿齿轮。 • 变速器输入轴上的齿轮越大，挡位就越高；反之，输出轴上的齿轮越小，挡位就越高

倒挡齿轮

图示	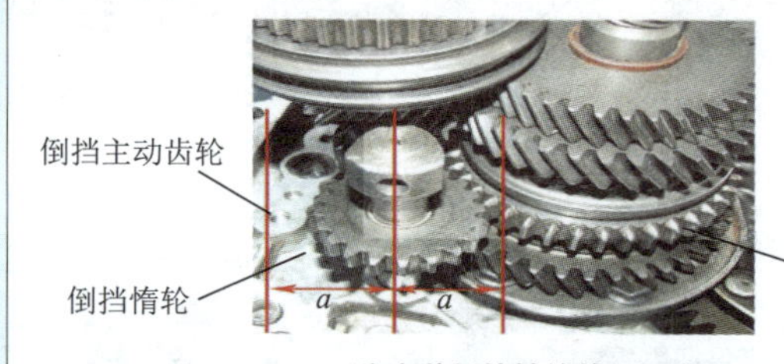 *a* 为安装倒挡轴的等距要求
组成及原理	• 倒挡齿轮由倒挡主动齿轮、倒挡惰轮、倒挡从动齿轮组成。 • 倒挡主动齿轮与倒挡从动齿轮分别加工在变速器输入轴上和一、二挡齿轮同步器的接合套上，并通过倒挡轴上的倒挡惰轮改变传递方向

不善于倾听不同的声音，是管理者最大的疏忽。

（16）在离合器壳体与变速器壳体接合面均匀涂上密封胶，如图 2-1-60 所示。

（17）装上变速器壳体，用橡胶锤将变速器壳体夯实。

（18）装上张紧板的四个螺栓并按规定力矩拧紧。

（19）装上输出轴五挡从动齿轮并同时嵌入止推垫圈和卡簧，如图 2-1-61 所示。

（20）装上五挡游动（主动）齿轮、五挡同步器总成、五挡换挡拨叉，如图 2-1-62 所示。

（21）用卡簧钳从上部旋紧拨叉轴，使拨叉轴露出的螺纹为两道，此时表明五挡拨叉安装到位，如图 2-1-63 所示。

图 2-1-60　在壳体接合面均匀涂上密封胶

图 2-1-61　装上五挡从动齿轮

图 2-1-62　装上五挡游动齿轮

图 2-1-63　五挡拨叉安装到位

前进挡拨叉

图示	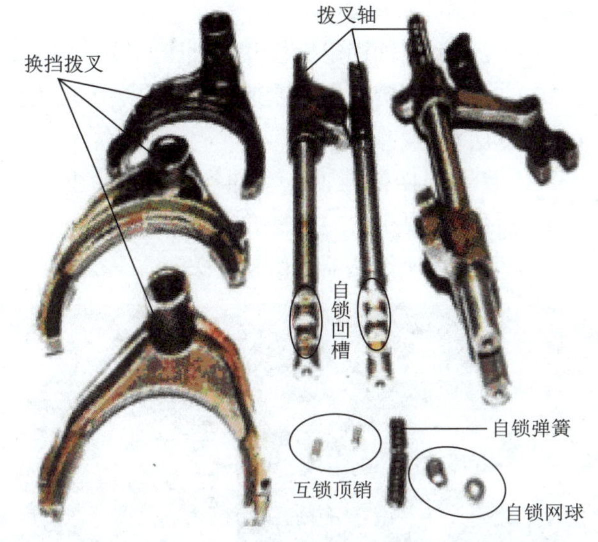
功用	• 用来拨动同步器齿环，以实现各前进挡齿轮的接合与分离。 • 拨叉是用于变速的，主要用在操纵机构中，就是把两个咬合的齿轮拨开，再把其中一个可以在轴上滑动的齿轮拨到另外一个齿轮上以获得另一个速度，即改变变速器内部齿轮的位置，实现变速

螺栓力矩要求

张紧板螺栓力矩	45 N·m

学习笔记

学习笔记

（22）装上输入轴末端垫片并锁紧螺母。

（23）拧上变速器壳体与离合器壳体各个紧固螺栓，并间隔按次序加力矩旋紧，如图 2-1-64 所示。

（24）装入倒挡轴锁定螺栓并涂上密封胶，如图 2-1-65 所示。

（25）对准选挡槽，安装变速杆总成并装上压力弹簧及端盖，如图 2-1-66 所示。

（26）装上选挡换挡轴止动螺栓，同时涂上适量密封胶，如图 2-1-67 所示。

（27）装上车速传感器和倒挡开关。

图 2-1-64　拧紧壳体紧固螺栓

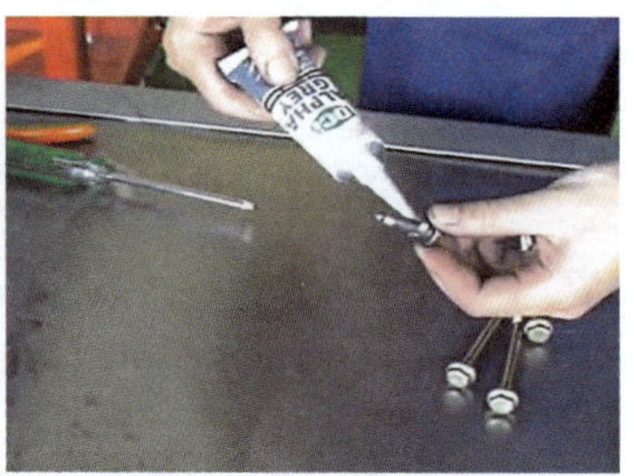

图 2-1-65　装入倒挡轴锁定螺栓并涂上密封胶

图 2-1-66　安装变速杆总成

图 2-1-67　装上选挡换挡轴止动螺栓

车速传感器	
图示	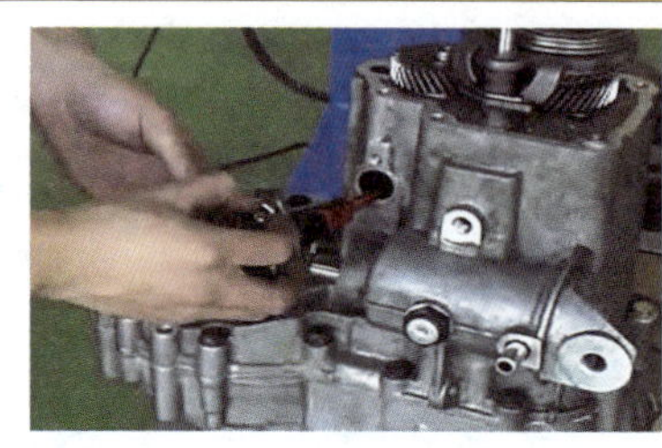
安装位置及功用	• 车速传感器安装在变速器输出轴旁边。辅助变速器的里程表上也要安装一个。用于检测变速器输出轴的转速。ECU 根据车速传感器的信号计算出车速，作为其换挡控制的依据。 • 当前者失效后，后者起失效保护的作用。现今普遍采用电子传感器，安装在同样位置，使用导线将转速信号传送到时速表

螺栓力矩要求	
变速器螺栓力矩	25 N · m

不善于倾听不同的声音，是管理者最大的疏忽。

（28）将分离轴承安装在后罩盖壳体上，在变速器后罩盖壳体上均匀涂上密封胶，装上变速器后罩盖，拧上六个固定螺栓，如图 2-1-68 所示。

（29）更换差速器法兰新油封，装上锥形圈及止推垫片、压力弹簧和法兰盘，用压力器将法兰盘压入，如图 2-1-69 所示。

（30）装入碟形弹簧、卡紧圈及锁紧盖，用同样的方法装上对侧法兰盘。

（31）从离合器壳体前端插入离合器压杆，装上变速器安装支座并拧紧紧固螺栓，如图 2-1-70 所示。

（32）装上选挡换挡轴防护套、变速杆总成，如图 2-1-71 所示。

图 2-1-68　装上变速器后罩盖

图 2-1-69　装配差速器法兰

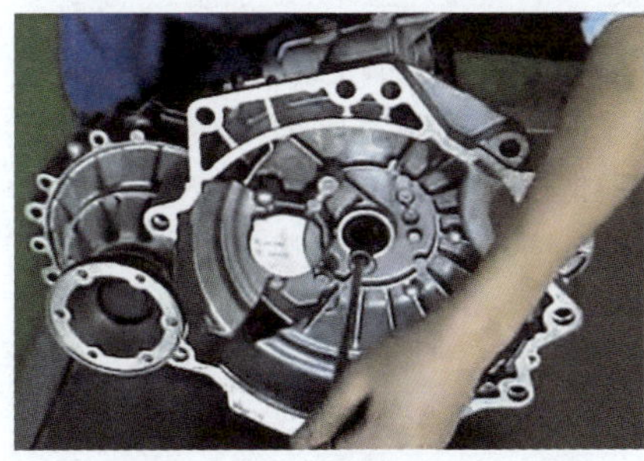

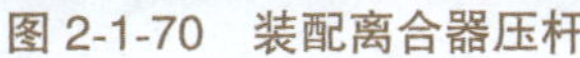

图 2-1-70　装配离合器压杆

图 2-1-71　装上选挡换挡轴防护套、变速杆总成

差速器	
图示	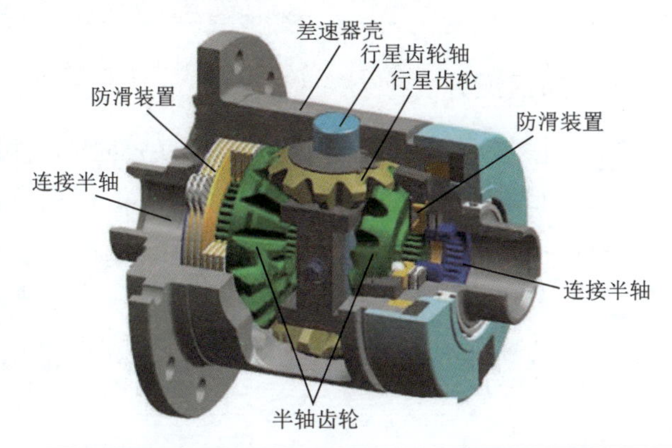
功用	• 差速器的功用是改变动力传动方向，通过半轴向两侧车轮传递动力。 • 当车辆转弯的时候自动实现两侧半轴以不同的速度旋转，减小转弯时的阻力也减轻了轮胎的磨损

螺栓力矩要求	
变速器后壳罩盖螺栓力矩	40 N·m

学习笔记

学习笔记

视频

2-1 变速器的拆卸

视频

2-2 变速器的组装

任务测评

一、知识测评

确定本任务关键词，按重要程度进行关键词排序并举例解读。

根据自己对重要信息捕捉、排序、表达、创新和划分权重能力进行自评，满分 100 分（见表 2-1-2）。

表 2-1-2　拆装变速器及检修离合器知识测评表

序号	关键词	举例解读	评分自定
1			
2			
3			
4			
5			
总分			

二、能力测评

对表 2-1-3 所列作业内容，操作规范即得分，操作错误或未进行操作即零分。

表 2-1-3　拆装变速器及检修离合器能力测评表

序号	作业内容	配分	得分
1	变速速壳体拆装	20	
2	离合器总成拆装	20	
3	变速器五挡齿轮拆装	20	
4	变速器选挡换挡总成拆装	20	
5	判断变速器一、二挡及倒挡齿轮组安装是否正常	20	
总分		100	

三、素养测评

对表 2-1-4 所列素养点，做到即得分，未做到即零分。

表 2-1-4　拆装变速器及检修离合器素养测评表

序号	素养点	配分	得分
1	安全、环保意识	20	
2	标准、规范意识	20	
3	5S 意识	20	
4	团队协作精神	20	
5	自主学习精神	20	
总分		100	

四、拓展训练

（1）请列举变速器拆装及离合器检修易出现的问题，分析产生问题的原因并制定解决问题的措施（满分 25 分）。

（2）在行车过程中，无论是挂挡还是摘挡均感到很吃力，试根据现象制定检测流程（满分 25 分）。

（3）我国变速器的研发起步较晚，却一直在不断学习吸收先进经验，“海纳百川，有容乃大”，向别人学习也是强大自己的重要途径。请按照图 2-1-72 所示思维导图格式，对拆装变速器及检修离合器的学习收获进行总结，同时搜集两个我国变速器的研发借鉴、创新事例，并以“三人行必有我师焉”为题，写一篇 500 字短文（满分 50 分）。

图 2-1-72　思维导图

不善于倾听不同的声音，是管理者最大的疏忽。

学习笔记

任务二　拆装转向系统

职业行动

步骤一：作业准备

1. 作业场地

选择带有消防设施的作业场地。

2. 设备设施

2007 款捷达 1.6 L 轿车（整车且能够正常起动）、工具车、零件车。

3.* 工量辅具（见表 2-2-1）

表 2-2-1　拆装转向系统工量辅具

套筒扳手组合套具	变速器托架	拉拔器
指针式扭力扳手	**预置力式扭力扳手**	**防护三件套**

4. 零件耗材

手套、抹布、防护三件套。

职业知识

转向系统

组成	液压动力转向系统 转向操纵机构 转向传动机构 转向器
功用	按照驾驶员的意愿控制汽车的行驶方向
工作原理	• 汽车顺利转向，每个车轮都必须按不同的圆圈运动。 • 由于内车轮所经过的圆圈半径较小，它的转向角度比外车轮要大。如果对每个车轮都画一条垂直于它们的直线，那么线的交点便是转向的中心点。转向传动机构具有独特的几何结构，可使内车轮的转向角度大于外车轮。 • 齿条齿轮式转向系统（齿轮齿条式转向器）是小型轿车上普遍使用的转向系统类型。齿条齿轮式齿轮组被包在一个金属管中，齿条的各个齿端都突出在金属管外。转动转向盘时，齿轮就会旋转，从而带动齿条运动

学习笔记

步骤二：拆卸转向操纵机构

（1）拆下蓄电池负极接线 2 min 以上，从转向盘后方拧下驾驶员安全气囊模块总成的紧固螺钉，取出安全气囊，如图 2-2-1 所示。

（2）拆卸转向盘固定螺钉，将车轮摆正后，取出转向盘。拆卸转向管柱下端护罩，并取下紧固螺钉，如图 2-2-2 所示。

（3）断开转向管柱上的组合开关线束，拧松紧固螺钉，取下组合开关，如图 2-2-3 所示。

（4）拆卸转向管柱支架的一次性紧固螺钉，拔出点火开关的识读线圈，如图 2-2-4 所示。

图 2-2-1　取出安全气囊

图 2-2-2　拆卸转向管柱下端护罩

图 2-2-3　取下组合开关

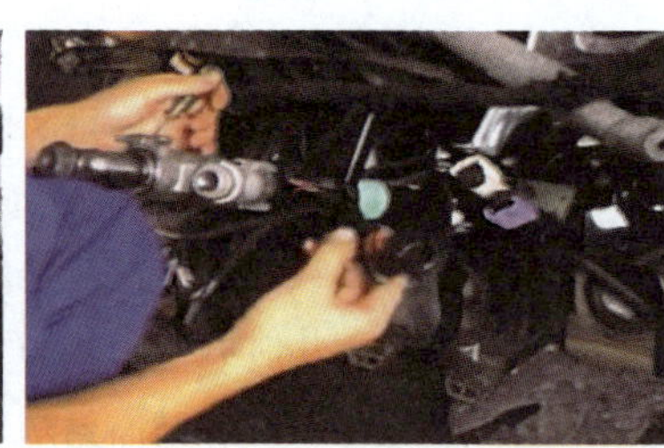

图 2-2-4　拔出点火开关的识读线圈

转向操纵机构

<table>
<tr><td>组成</td><td>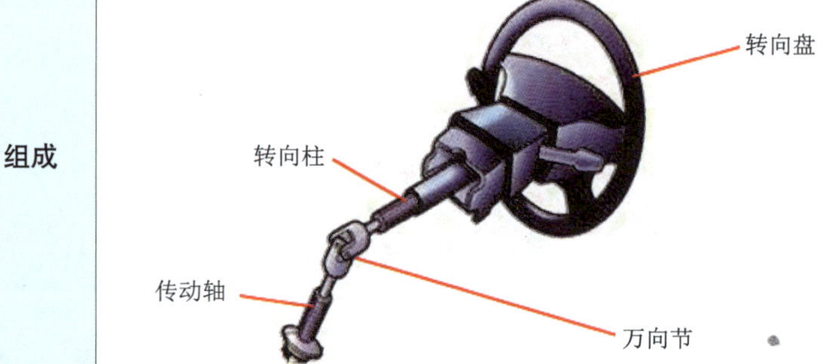
</td></tr>
<tr><td>功用</td><td>• 转向操纵机构的功用是产生转动转向器所必需的操纵力，并具有一定的调节性和安全性。
• 转向操纵机构要将驾驶员操纵转向盘的力传给转向器，同时为了驾驶员的舒适驾驶，要求转向操纵机构可以进行调节，以满足不同驾驶员的需求。
• 为了防止车辆撞击后对驾驶员的损伤，要求转向操纵机构具有一定的安全保护装置</td></tr>
</table>

螺栓力矩要求

转向盘螺栓力矩	30 N·m

大成功靠团队，小成功靠个人。

（5）用拉拔器取下转向管柱上的接合器套筒。取出压力弹簧、点火开关线束、转向盘锁总成，如图 2-2-5 所示。

（6）拧下联节轴上的紧固螺栓，取下转向管柱，如图 2-2-6 所示。

（7）将转向助力油壶中的转向助力液放净。举升汽车至合适高度，拆卸转向助力泵固定螺栓及转向助力泵的防护罩，如图 2-2-7 所示。

（8）拆卸转向助力泵带轮，取下转向助力泵，如图 2-2-8 所示。

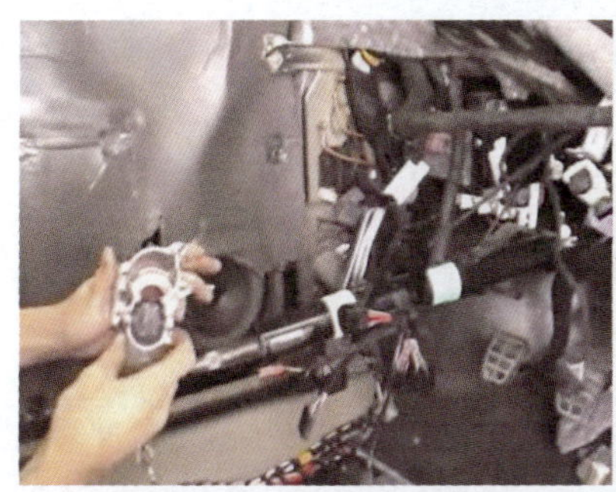

图 2-2-5　拆卸转向管柱上相关部件

图 2-2-6　取下转向管柱

图 2-2-7　放净转向助力液

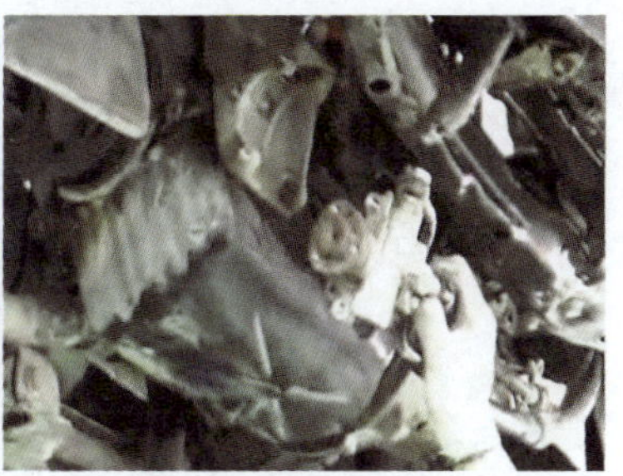

图 2-2-8　拆卸转向助力泵带轮，取下转向助力泵

转向助力泵	
图示	
功用	减轻驾驶员操作强度、提高整车可操纵性、确保转向系统安全以及保证车辆高速行驶时驾驶员转向手感
工作原理	压油过程　吸油过程　接油罐　叶片　定子　转子　吸油过程　压油过程　定子　接转向器 • 驱动轮带动转子旋转后，叶片在离心力的作用下张开，并与定子、转子、配油盘共同形成工作腔。 • 当转子与叶片从定子内表面的小圆弧区向大圆弧区转动时，两个叶片之间的容积增大，压力减小，通过配油盘的吸油口吸油；由大圆弧区转到小圆弧区时，两个叶片之间的容积缩小，压力增加，通过压力板的排油口排油，排出的高压油通过转向油管进入转向器，提供转向助力

学习笔记

学习笔记

（9）将左右下摆臂与前悬架分离，如图 2-2-9 所示。

（10）将举升托架移至前横梁下方，拆卸前横梁与底盘的紧固螺栓，如图 2-2-10 所示。

（11）缓缓放下转向机与前横梁总成，将转向机从前横梁中分离出来，如图 2-2-11 所示。

（12）拆下转向机护罩及驱动轴防护套、驱动轴与转向机的连接螺栓后取出驱动轴及止推垫圈，如图 2-2-12 所示。

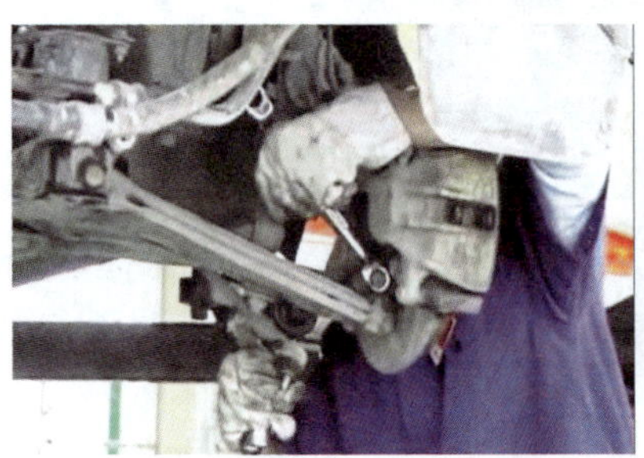

图 2-2-9　将左右下摆臂与前悬架分离

图 2-2-10　拆卸前横梁与底盘的紧固螺栓

图 2-2-11　将转向机从前横梁中分离出来

图 2-2-12　取出驱动轴及止推垫圈

转向机（转向器）	
组成	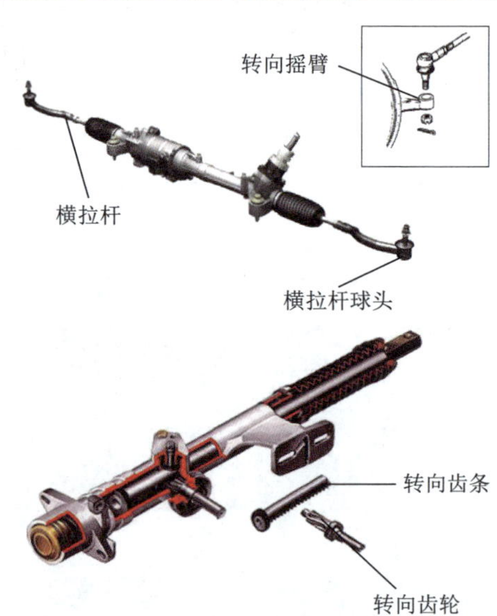
功用	• 驾驶员通过它可以用较小的操纵力，实现较大的转向力控制，并且在性能上安全、可靠，操纵上灵活、轻便。 • 转向器的操纵是全液压式，也就是说在转向柱和转向轮之间没有机械连接，在转向器与转向油缸之间是液压管连接。 • 当转动转向盘，转向器根据转向盘转动比例输送相对的油量，该油量直接流到操纵缸相应一侧，同时另一侧的油量回到储液壶中

螺栓力矩要求	
底盘与前横梁螺栓力矩	60 N・m

大成功靠团队，小成功靠个人。

步骤三：安装转向操纵机构

（1）装上转向机护罩与驱动轴防护套，将转向机构与前悬架总成装配在一起，拧紧螺栓，如图 2-2-13 所示。

（2）将横梁放在举升托架上，并移至底盘的固定位置处。将排气总管装上，再将横梁紧固，如图 2-2-14 所示。

（3）安装转向助力泵及带轮，如图 2-2-15 所示。

（4）将转向管柱装入套管支管，并与联节轴连接，并紧固螺钉，如图 2-2-16 所示。

（5）将转向管柱总成装上，并拧紧固定支架的紧固螺栓。

图 2-2-13　装配转向机构与前悬架总成

图 2-2-14　将横梁放在举升托架上

图 2-2-15　安装转向助力泵及带轮

图 2-2-16　装配转向管柱

转向柱和转向管柱

组成	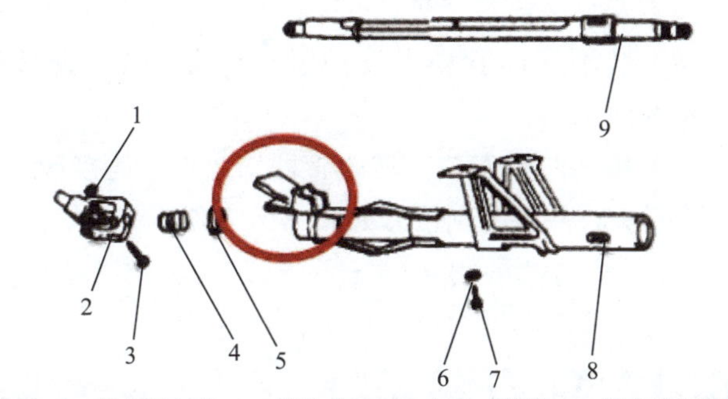 1—螺母；2—转向万向节；3—螺栓（30 N·m）；4—弹簧；5—转向柱下轴承；6—垫圈；7—保险螺栓；8—转向管柱；9—转向柱
功用	• 能量一部分由约束装置加以吸收，良好的汽车转向系统应能够保障驾驶员在汽车发生碰撞时受到的伤害最小。汽车吸能转向管柱在汽车转向系统吸能方面起到较大作用。 • 吸能转向管柱在碰撞过程中的作用是减少汽车正面碰撞时转向盘后移尺寸，降低了驾乘人员受二次伤害的程度，提高了汽车的被动安全系数能

螺栓力矩要求

转向管柱螺栓力矩	30 N·m

学习笔记

学习笔记

（6）安装有点火起动开关的转向盘锁总成与压力弹簧，并连接线束插头，如图 2-2-17 所示。

（7）安装接合器套筒、点火线圈的识读线圈。

（8）装上转向管柱上端护罩与组合开关，连接好线束，如图 2-2-18 所示。

（9）将转向盘安装于转向管柱固定端，连接转向管柱上的喇叭开关插头，并装配到位，如图 2-2-19 所示。

（10）将驾驶员侧安全气囊线束连接，安装转向管柱下端护罩，最后加注转向助力液，如图 2-2-20 所示。

图 2-2-17　安装转向盘锁总成与压力弹簧

图 2-2-18　装配转向管柱组合开关

图 2-2-19　安装转向盘

图 2-2-20　加注转向助力液

转向助力油（液）

图示	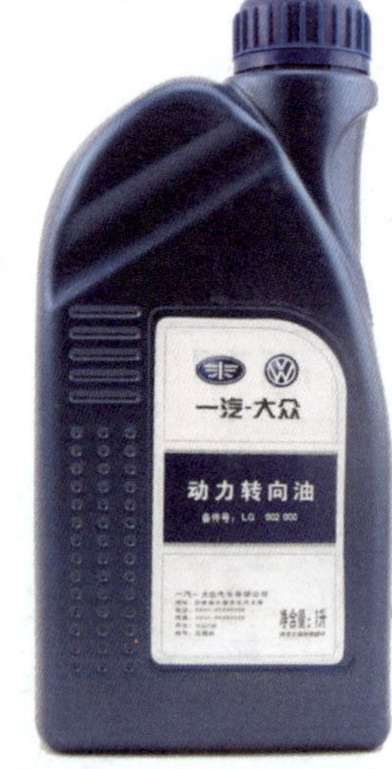
功用	• 转向助力油是加注在助力转向系统里面的一种介质油，起到传递转向力和缓冲的作用。其本质上是一种液压油。 • 换转向助力油时，先将汽车打着，用抽油器将旧油抽干净。将新的转向助力油注入，然后来回转动转向盘，让新油渗透，这样能起到清洗的作用。为了渗透得彻底，车主应大幅度地左右转动转向盘

螺栓力矩要求

转向管柱护罩螺栓力矩	30 N·m

大成功靠团队，小成功靠个人。

学习笔记

任务测评

一、知识测评

确定本任务关键词，按重要程度进行关键词排序并举例解读。

根据自己对重要信息捕捉、排序、表达、创新和划分权重能力进行自评，满分 100 分（见表 2-2-2）。

表 2-2-2 拆装转向系统知识测评表

序号	关键词	举例解读	评分自定
1			
2			
3			
4			
5			
总分			

二、能力测评

对表 2-2-3 所列作业内容，操作规范即得分，操作错误或未进行操作即零分。

表 2-2-3 拆装转向系统能力测评表

序号	作业内容	配分	得分
1	转向盘的拆装	20	
2	转向管柱的拆装	20	
3	转向机与前悬架的拆装	20	
4	转向助力泵的拆装	20	
5	判断转向助力泵排气操作是否正常	20	
总分		100	

三、素养测评

对表 2-2-4 所列素养点，做到即得分，未做到即零分。

表 2-2-4 拆装转向系统素养测评表

序号	素养点	配分	得分
1	安全、环保意识	20	
2	标准、规范意识	20	
3	5S 意识	20	
4	团队协作精神	20	
5	自主学习精神	20	
总分		100	

四、拓展训练

（1）请列举转向系统易出现的问题，分析产生问题的原因并制定解决问题的措施（满分 25 分）。

（2）在转运转向盘时，转向机发出尖锐的啸叫声，试根据现象制定检测流程（满分 25 分）。

（3）从笨重的连小伙子都打不动的转向盘，到如今女孩子都可轻松旋转的助力转向系统，技术进步实实在在改变了生活。请按照图 2-2-21 所示思维导图格式，对拆装转向系统的学习收获进行总结，同时至少列举十项技术改变生活的事例，其中五项为汽车技术（满分 50 分）。

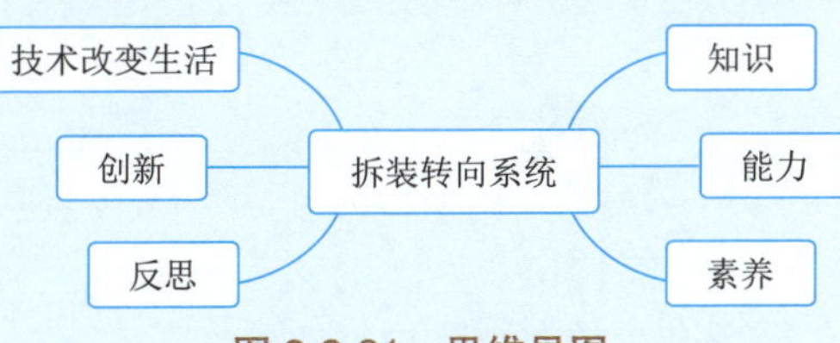

图 2-2-21 思维导图

视频 2-3 捷达转向系统的拆装

学习笔记

任务三　拆装行驶系统

职业行动

步骤一：作业准备

1. 作业场地

选择带有消防设施的作业场地。

2. 设备设施

2007 款捷达 1.6 L 轿车（整车且能够正常起动）、工具车、零件车。

3. 工量辅具（见表 2-3-1）

表 2-3-1　拆装行驶系统工量辅具

套筒扳手组合套具	变速器托架	减振弹簧拆装仪
指针式扭力扳手	预置力式扭力扳手	防护三件套

4. 零件耗材

手套、抹布、防护三件套。

职业知识

前悬架

组成	 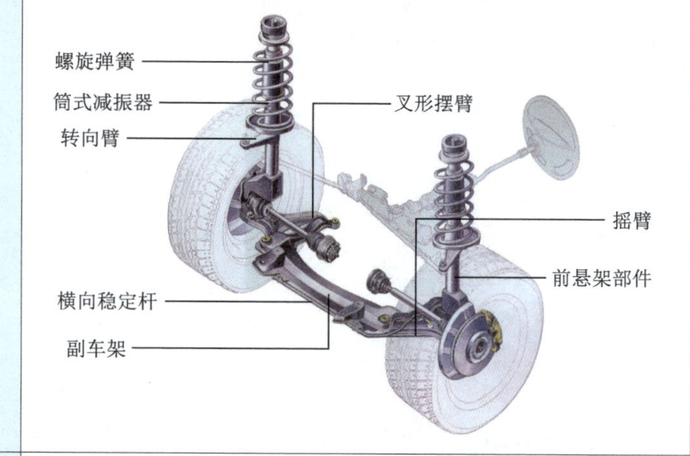
功用	• 悬架是车架与车桥之间的一切传力连接装置的总称。汽车悬架包括弹性元件、减振器和传力装置三部分。这三部分分别起缓冲、减振和力的传递作用。 • 常见轿车的前悬架一般为麦弗逊式悬架。一般用于轿车的前轮。 • 前悬架吸收了车轮在不平路面上行驶时的冲击能量，并将此能量分散到整个悬架系统中。此过程在乘客和路面之间起到隔振作用。悬架系统分散能量和吸收能量之比确保了车辆行驶的平顺性

管理创新和技术创新一样重要。

步骤二：拆装检修前减振器

（1）使用十字轮胎扳手（17 mm）拆卸左前轮胎。

（2）拔下轮速传感器线束并将其挂至不影响拆卸的地方。

（3）使用 18 mm 套筒配合开口扳手拆下减振器总成与转向节的两个固定螺栓。取下前减振器上座防护罩，使用前减振器专用套筒配合活扳手拆卸减振器上座固定螺母，如图 2-3-1 所示。

（4）取下减振器上座固定螺母后，取出橡胶挡块，从下面抽出前减振器总成，如图 2-3-2 所示。

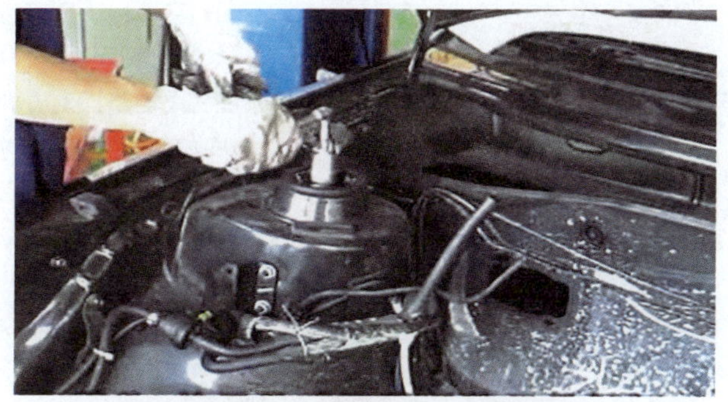

图 2-3-1　拆卸前减振器上座固定螺母

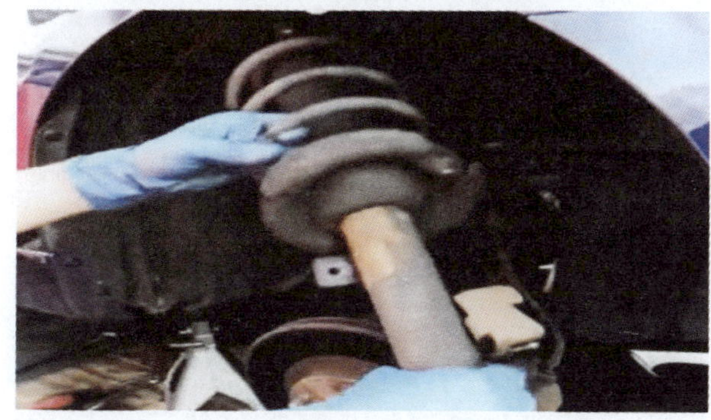

图 2-3-2　抽出前减振器总成

前减振器

组成	减振器总成 橡胶弹性元件 防护套 减振器 悬架轴承 轴承座 弹簧
工作原理	• 当车身受振动出现相对运动时，减振器内的活塞上下移动，减振器腔内的油液便反复地从一个腔经过不同的孔隙流入另一个腔内。 • 此时孔壁与油液间的摩擦和油液分子间的内摩擦对振动形成阻尼力，使汽车振动能量转化为油液热能，再由减振器吸收散发到大气中，主要是将振动的能量通过摩擦作用转化为热量，起到减振的作用

螺栓力矩要求

前减振器与转向节螺栓力矩	40 N・m

学习笔记

学习笔记

（5）将拆下的前减振器总成安装于减振器拆装仪上，在固定减振器时要分别夹紧两个螺距的弹簧。

（6）当检查两个支臂和前减振器下端固定好后，操作人员顺时针慢慢旋紧减振器拆装仪后面的旋钮进行压缩弹簧操作。当旋至露出悬架轴承座（胶墩）时，用手将胶墩旋松取下，同时取下自锁螺母及悬架轴承，如图 2-3-3 所示。

（7）轻轻松开减振器拆装仪后部旋钮，取下减振弹簧，松开减振器拆装仪下部紧固螺栓，取下减振器。依次从减振器上取下防护套、轴承座，并检查防护套是否有破损。检查减振器是否有漏油现象，均匀拉出并按压减振器活塞杆是否有阻尼，缓冲限位块是否破裂、变形，如图 2-3-4 所示。

（8）安装减振器总成的顺序与拆卸顺序相反。

图 2-3-3　用减振器拆装仪拆卸前减振器

图 2-3-4　检查前减振器各零部件

顶胶（胶墩）	
图示	
材质及功用	• 顶胶俗称胶墩。主要材质为橡胶，起到缓冲作用。 • 在坑洼路面颠簸行驶时，顶胶可以减轻路面对车的直接冲击力。顶胶出现破损，会导致车辆行驶时异响

悬架轴承	
图示	
构成及功用	悬架轴承安装在顶胶（胶墩）下面，里面是滚珠，外面用橡胶包裹。如果其被压碎，会使车辆出现异响，舒适性变差

管理创新和技术创新一样重要。

步骤三：拆装检修悬架系统

（1）举升车辆，使用 19 mm 扳手拆下左控制臂球头与左转向节总成连接的螺母。使用 15 mm、18 mm 扳手拆下副车架、横向稳定杆与控制臂连接的两个螺栓和螺母，然后取下左控制臂总成，如图 2-3-5 所示。

（2）检查控制臂球头，用白色记号笔做好球头底板与控制臂的相对位置记号，如图 2-3-6 所示。

（3）更换新的胶套，按照相反顺序进行安装。

（4）汽车底盘的零部件拆卸安装后，一定要进行四轮定位操作，因为安装时会改变零部件之间的配合间隙，会因为轮胎前束角发生变化，而导致轮胎偏磨、吃胎，如图 2-3-7 所示。

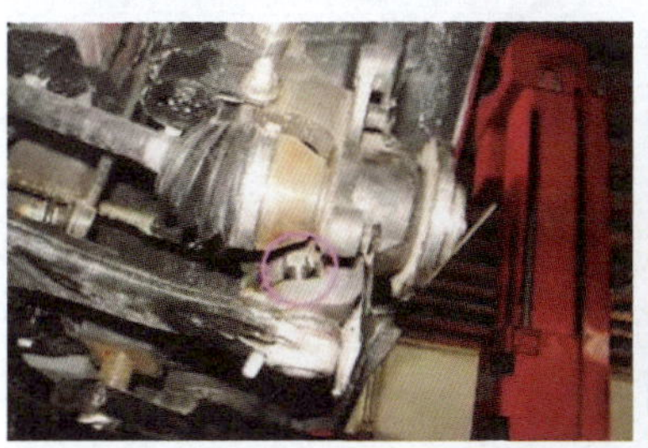

图 2-3-5　拆卸与控制臂连接的螺栓

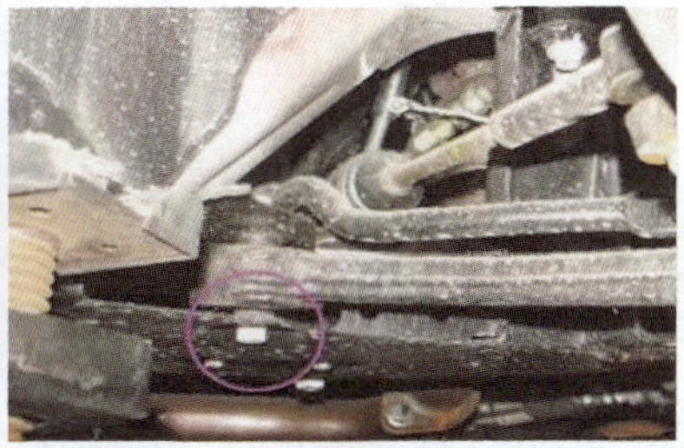

图 2-3-6　检查控制臂球头

图 2-3-7　进行四轮定位操作

控制臂	
图示	
功用	• 控制臂又称下支臂。在悬架系统中。控制臂连接着悬架总成与车架，影响车轮换位定位，起导向作用。 • 控制臂胶套如有损坏，轮胎会有旷量，从而导致平衡杆及减振器的损坏

球头	
图示	
功用	球头是连接悬架和平衡杆的关节部位，主要起到汽车悬架和平衡杆的力的传递作用

螺栓力矩要求	
控制臂球头螺栓力矩	40 N·m

学习笔记

学习笔记

任务测评

一、知识测评

确定本任务关键词，按重要程度进行关键词排序并举例解读。

根据自己对重要信息捕捉、排序、表达、创新和划分权重能力进行自评，满分 100 分（见表 2-3-2）。

表 2-3-2　拆装行驶系统知识测评表

序号	关键词	举例解读	评分自定
1			
2			
3			
4			
5			
总分			

二、能力测评

对表 2-3-3 所列作业内容，操作规范即得分，操作错误或未进行操作即零分。

表 2-3-3　拆装行驶系统能力测评表

序号	作业内容	配分	得分
1	前减振器总成与转向节的拆装	20	
2	减振器上座的拆装	20	
3	减振器拆装仪的使用	20	
4	顶胶（胶墩）与悬架轴承的拆装与检查	20	
5	减振器的检查	20	
总分		100	

视频 2-4 前减振器的拆卸与检查

视频 2-5 前减振器的组装与更换

三、素养测评

对表 2-3-4 所列素养点，做到即得分，未做到即零分。

表 2-3-4　拆装行驶系统素养测评表

序号	素养点	配分	得分
1	安全、环保意识	20	
2	标准、规范意识	20	
3	5S 意识	20	
4	团队协作精神	20	
5	自主学习精神	20	
总分		100	

四、拓展训练

（1）请列举减振器总成易出现的问题，分析产生问题的原因并制定解决问题的措施（满分 25 分）。

（2）在检查前减振器时，发现用手按压减振筒阻尼较小，回弹力较弱，试根据现象制定检测流程（满分 25 分）。

（3）请按照图 2-3-8 所示思维导图格式，对拆装行驶系统的学习收获进行总结，同时说明对“技术创新”的理解（满分 50 分）。

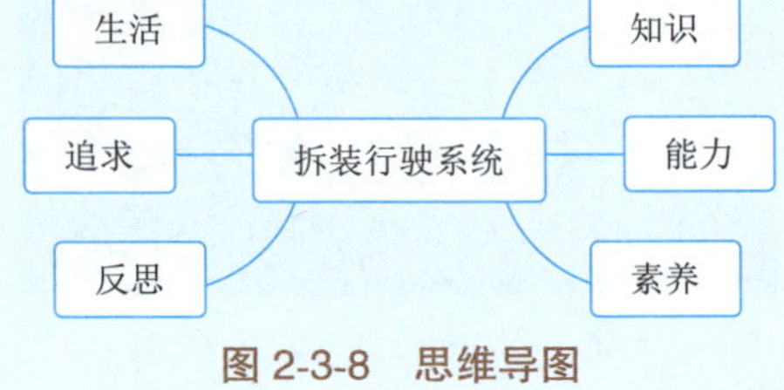

图 2-3-8　思维导图

管理创新和技术创新一样重要。

学习笔记

任务四　拆装制动系统

职业行动

步骤一：作业准备

1. 作业场地

选择带有消防设施的作业场地。

2. 设备设施

2007 款捷达 1.6 L 轿车（整车且能够正常起动）、工具车、零件车。

3. 工量辅具（见表 2-4-1）

表 2-4-1　拆装制动系统工量辅具

套筒扳手组合套具	手动真空泵	油管专用扳手
游标卡尺	预置力式扭力扳手	防护三件套

4. 零件耗材

手套、抹布、防护三件套。

职业知识

制动系统

组成	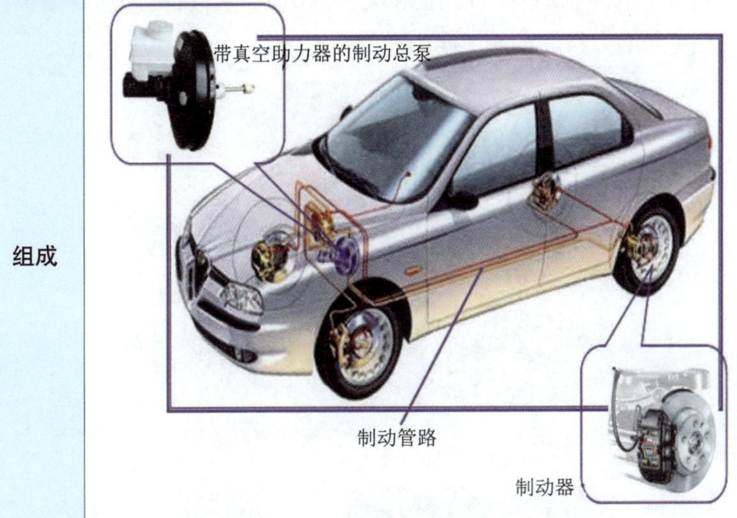
功用及分类	• 制动系统用于车辆的减速、停止、驻停。 • 驾驶员通过操纵制动踏板，将产生的制动力经制动总泵、制动管路、制动分泵传递给车轮制动器。 • 汽车有两套各自独立的制动系统，即汽车行车制动系统和驻车制动系统

学习笔记

步骤二：拆装检修制动操纵系统

（1）用手动真空泵将制动液从制动液储液罐中抽出，如图 2-4-1 所示。

（2）用专用油管扳手拆卸制动总泵与 ABS 液压单元的进油回油管，用专用油管扳手拆卸液压单元至右前制动器油管。

（3）拆卸制动总泵及 ABS 泵，拆卸加速踏板，拆卸制动踏板，取出真空助力泵，如图 2-4-2 所示。

图 2-4-1　用手动真空泵抽取制动液

图 2-4-2　拆卸制动总泵及 ABS 泵

制动总泵

图示	
功用	• 推动制动液传输至各个制动分泵之中推动活塞。 • 制动总泵的制动主缸属于单向作用活塞式液压缸，它的作用是将踏板机构输入的机械能转换成液压能。制动主缸分单腔和双腔式两种，分别用于单回路和双回路液压制动系统

真空助力泵

图示	
功用	• 真空助力泵，是在制动过程中，控制进入助力泵的真空，使膜片移动。 • 通过联运装置，利用膜片上的推杆协助人力去踩动和推动制动踏板，从而对驾驶员踩制动踏板的力产生放大的作用

步骤三：拆装检修前盘制动器

（1）拆卸左前车轮及轮速传感器，如图 2-4-3 所示。

（2）拆卸制动钳壳体，取下制动片，并取下制动钳支架，如图 2-4-4 所示。

（3）装复前，用干净的抹布擦净制动分泵的活塞与防尘套。将防尘套套在活塞尾部，取出放气阀，将活塞压入活塞腔，如图 2-4-5 所示。

（4）检查轮速传感器与转速表芯轴间隙应为 2 mm。将其装复，并拧上固定螺栓。

（5）装复制动钳支架，并检查其有无磨损、变形。

（6）装复制动片，并紧固下端固定螺栓，如图 2-4-6 所示。

（7）装复车轮，如需加注新制动液（制动油）时，应准备两桶新油，并进行四个车轮的排气操作，需两人配合完成制动液的更换作业。

图 2-4-3　拆卸左前车轮及轮速传感器

图 2-4-4　拆卸制动钳壳体

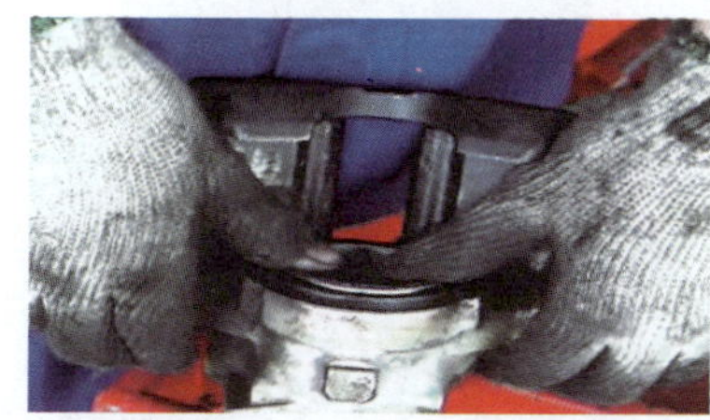

图 2-4-5　将活塞压入活塞腔

图 2-4-6　装复制动片

制动片

图示	
构成及工作原理	制动片一般由钢板、黏结隔热层和摩擦块构成，其中，黏结隔热层是由不传热的材料组成，目的是隔热；摩擦块是由摩擦材料、黏合剂组成，制动时被挤压在制动盘和制动鼓上产生摩擦，从而达到车辆减速制动的目的

制动液

图示	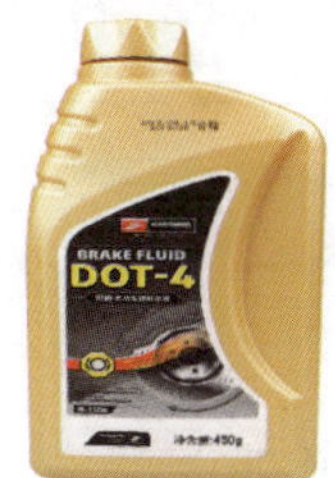
作用及分类	• 制动液（制动油）是在制动管路中传递制动力的媒介。 • 制动液分为 DOT3、DOT4、DOT5.1、DOT5 几个型号。其中，DOT3 含水量高，DOT5 为赛车用，其余两个为家用车常用型号。 • 由于空气中含有水分，如用专用设备测试制动液含水量超过 3%，则制动液的制动效果会大大下降。制动液的更换周期为两年或 40 000 km

学习笔记

学习笔记

任务测评

一、知识测评

确定本任务关键词，按重要程度进行关键词排序并举例解读。

根据自己对重要信息捕捉、排序、表达、创新和划分权重能力进行自评，满分 100 分（见表 2-4-2）。

表 2-4-2　拆装制动系统知识测评表

序号	关键词	举例解读	评分自定
1			
2			
3			
4			
5			
总分			

二、能力测评

对表 2-4-3 所列作业内容，操作规范即得分，操作错误或未进行操作即零分。

表 2-4-3　拆装制动系统能力测评表

序号	作业内容	配分	得分
1	制动总泵的拆装与检查	20	
2	制动钳支架的拆装	20	
3	制动片的拆装与检查	20	
4	制动分泵的拆装与检查	20	
5	制动液的更换	20	
总分		100	

三、素养测评

对表 2-4-4 所列素养点，做到即得分，未做到即零分。

表 2-4-4　拆装制动系统素养评价表

序号	素养点	配分	得分
1	安全、环保意识	20	
2	标准、规范意识	20	
3	5S 意识	20	
4	团队协作精神	20	
5	自主学习精神	20	
总分		100	

四、拓展训练

（1）请列举制动系统易出现的问题，分析产生问题的原因并制定解决问题的措施（满分 25 分）。

（2）在踩下制动踏板时，发现踩到底才有些制动力，试根据现象制定检测流程（满分 25 分）。

（3）“一脚制动抱死，汽车瞬间侧滑”，这是以前行车事故原因占比很大的一种，ABS、ESP 等防抱死制动技术的应用，类似的制动引发的事故比例大大减少。请按照图 2-4-7 所示思维导图格式，对拆装制动系统的学习收获进行总结，搜集两个制动系统的故障现象，用鱼骨图分析可能原因，并写成 500 字各一篇案例（满分 50 分）。

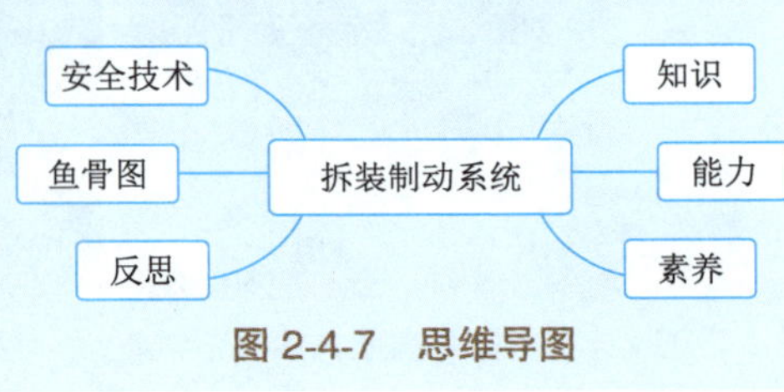

图 2-4-7　思维导图

视频

2-6 制动系统的检测

视频

2-7 盘式（前）制动器的拆装

合作是一切团队繁荣的根本。

学习笔记

学习考评

一、考评项目

根据所学，对 2007 款捷达 1.6 L 轿车变速器进行拆装、检修；并对其行驶、制动、转向系统进行检修。

二、实施准备

1. 学生准备

学生按照教学进度计划，已经完成了以下学习任务并达到了 75 分以上，可进行该学习考评的实施。

（1）理解并掌握学习考评需要的相关知识和方法，得分大于 75 分。

（2）运用学习考评需要的相关知识和方法进行作业，得分大于 75 分。

（3）按时、按质、按量完成相应作业，得分大于 80 分。

（4）具有自觉遵守技术标准和要求规定、规范操作、安全、环保、“5S” 作业、团结协作的好习惯，得分大于 80 分。

（5）能制定 2007 款捷达 1.6 L 轿车变速器拆装、检修流程。

2. 教师准备

（1）在安排学生实施学习考评前，通过课堂问题研讨、作业、实训和考核及其他方式，确认学生已经具备了实施学习考评所需的知识、技能和素养，并确保学生在安全状态下独立进行。

（2）对协助教师进行测评的学生进行测评和监督方法的培训，确保测评结果的准确性和公平性。

（3）准备好测评记录。

三、验证方法与标准

（1）每位测评人员负责对两名学生进行定点、全过程的监控和测评。

（2）详细记录学生在实施学习成果过程中的相关信息、数据、结果、操作方法、完成时间，以及出现错误、事故等情况。

（3）学习考评的作业过程和数据记录等，要求在 60 min 内完成。

（4）考评内容及评分标准见下表。

考评内容及评分标准

评分项	得分条件	评分标准	配分	得分
安全 /5S/ 态度	（1）能进行工位 5S 操作（5 分）。 （2）能进行设备和工具安全检查（3 分）。 （3）能进行工具清洁、校准、存放操作（3 分）。 （4）能进行三不落地操作（4 分）	依据得分条件进行评分	15	
专业技能能力	（1）能够拆卸五挡齿轮（7 分）。 （2）能够检查与拆装倒挡齿轮（7 分）。 （3）能够检查转向操纵机构（6 分）。 （4）能够检查前减振器总成（7 分）。 （5）能够检查制动片（6 分）。 （6）能够安装五挡齿轮（7 分）。 （7）能够安装前盘制动器（5 分）。 （8）能够用扭力扳手正确锁紧螺母（5 分）	依据得分条件进行评分	50	

学习笔记

续表

评分项	得分条件	评分标准	配分	得分
资料、信息查询能力	（1）能正确使用维修手册查询资料（2 分）。 （2）能在规定时间内查询所需资料（3 分）。 （3）能正确记录所查询资料章节及页码（2 分）。 （4）能正确记录所需维修信息（3 分）	依据得分条件进行评分	10	
工具使用	（1）能正确选用维修工具（2 分）。 （2）能正确使用维修工具拆装（2 分）。 （3）能正确使用卡簧钳（2 分）。 （4）能正确使用专用工具（2 分）。 （5）能熟练使用办公软件（2 分）	依据得分条件进行评分	10	
数据判读和分析能力	（1）能判断制动片的磨损程度（5 分）。 （2）能判断减振器的阻尼（5 分）	依据得分条件进行评分	10	
表单填写与报告的撰写能力	（1）语句通顺（2 分）。 （2）无错别字（1 分）。 （3）无抄袭（2 分）	依据得分条件进行评分	5	
合计			100	

四、考评报告

说明：考评分为理论考评和实操考评，理论考评根据项目要求以及考评模板格式制定项目实施方案，方案经教师审核合格后，方可进行实操考评。考评报告模板详见附录 A。

学习笔记

拓展阅读——汽车改装发展史

二十世纪六七十年代汽车改装登上了汽车文化的舞台。

汽车改装源于赛车运动。参加各种竞技赛事的车辆必须经过标准、严格的改装后才能进入赛场，其目的是：增强车辆安全性，如在撞击、翻滚、失火等事故中保护车手不受伤害；提高赛场性能，如加速性能、转弯稳定性、制动性能、通过性能、操控精准性能等；减少自重及风阻系数。

可以说汽车赛事是汽车改装技术水平的较量。发动机、底盘、车身内饰以及电气，汽车无处不可改装。汽车改装作为一种汽车文化不断得到延伸。

在很多国家，汽车改装已经成为一个行业。美国现有汽车改装从业人员200万人，德国拥有1899年成立的百年汽车改装名厂——Loader。美国“制造极速机器厂商联合会”改装车展，德国埃森以及日本东京改装车展无一不是改装车的年度盛会。

我国的汽车改装近年来不断发展，各大城市都出现了专业的汽车改装店，庞大的消费市场和迅速崛起的经济，蕴藏着一个极具发展潜力的汽车改装市场。

目前汽车改装市场主要集中在以广州、深圳、珠海为代表的广东地区以及北京、四川等地，并逐渐向长三角及环渤海地区发展。从一开始仿制同类产品，到现在逐步根据国内消费者的审美观和驾驶特性以及地形地貌，自行研究、开发出中国特色的改装产品，如今广东的汽车改装行业各具特色，正朝着百家争鸣的方向发展，市场商机越来越多，改装厂家、店家也不断增加，车主对汽车改装的认同和参与热情与日俱增，改装水平稳步提升。

在中国改装车行业比较有影响力和规模的专业展会主要有上海国际汽车改装博览会和中国国际汽车博览会。

目前，我国汽车改装主要是围绕外观和性能这两个方面进行的。

外观改装深受青年人青睐，追求自由，彰显个性。外观改装主要从大包围、车身贴画、车灯光、轮胎、轮毂等方面进行。

性能方面主要从提高点火强度、加装燃油增压器、安装负增压提速器、加装蓄电池脉冲配电器等几方面进行。一辆车出厂后一般只能体现原车极限60%的性能，而经过改装后可以提升到80%。

记住，如果你的车要改装，一定要到具有汽车改装许可证的改装企业去。

思考：搜集一下资料，找出不少于20张改装车图片，看一看国外、国内改装车风格的差异。如果你有一辆车想要改装，有什么改装设想？

学习笔记

项目三　拆装汽车电器系统

一、项目描述

完成 2007 款捷达 1.6 L 手动挡轿车电器系统拆装作业。

二、项目要求

依据 2007 款捷达 1.6 L 手动挡轿车的技术要求与标准，正确使用工具，完成如下拆装作业。

（1）仪表台系统拆装作业；

（2）前照灯总成拆装作业；

（3）尾灯总成拆装作业；

（4）整车线束检查更换作业。

三、学习目标

（1）能够准确描述汽车电器系统的组成和功用；

（2）能够准确描述拆装仪表台系统作业方法；

（3）能够准确描述拆装前照灯及尾灯总成作业方法；

（4）能够准确描述整车线束检查更换作业方法；

（5）能够规范地对仪表台系统进行拆装作业；

（6）能够规范地对前照灯及尾灯总成进行拆装作业；

（7）能够规范地对整车线束进行检查与更换作业；

（8）养成自觉遵守技术标准和要求规定、规范操作、安全、环保、“5S”作业的好习惯；

（9）提高自身的自律性；

（10）体会汽车车身进化里的创新要素。

四、学习载体

学习载体如下图所示。

仪表台系统	前照灯及尾灯总成
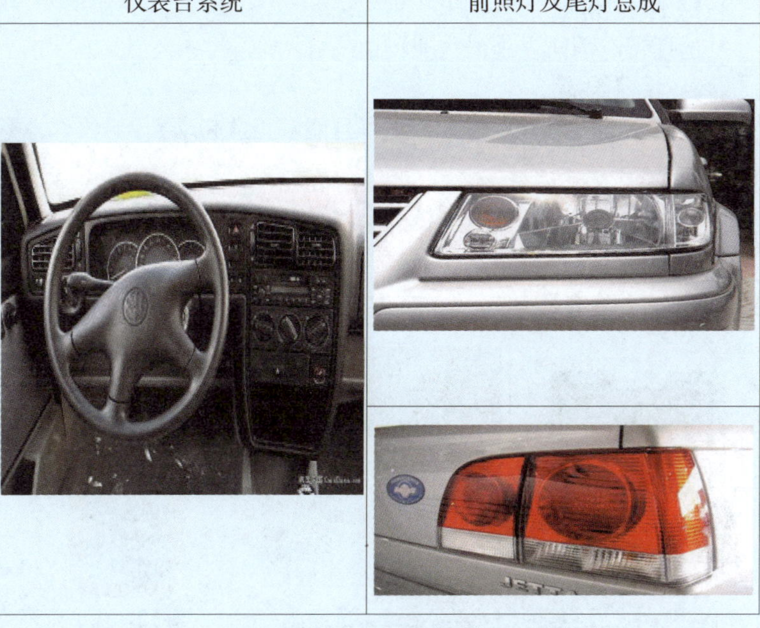	

仪表台系统、前照灯及尾灯总成

仪表台由灯光开关、转速表、时速表、水温表、油量表、空调面板、导航（音响）、杂物箱、空调出风口等组成。

前照灯及尾灯总成由转向灯、远光灯、近光灯、制动灯、倒车灯、示宽灯及灯壳组成。

学习笔记

学习笔记

任务一　拆装仪表板

职业行动

步骤一：作业准备

1. 作业场地

选择带有消防设施的作业场地。

2. 设备设施

2007 款捷达 1.6 L 轿车（整车且能够正常起动）、工具车、零件车。

3. 工量辅具（见表 3-1-1）

表 3-1-1　拆装仪表板工量辅具

套筒扳手组合套具	工作灯	数字万用表
指针式扭力扳手	**预置力式扭力扳手**	**防护三件套**

4. 零件耗材

手套、抹布、防护三件套。

职业知识

仪表板组成与功用

组成	
功用	仪表板总成集合了汽车仪表台、音响、空调面板、空调出风口以及各种控制开关，是给驾驶员提供各种指示信息及操纵各种功能按键的平台

汽车仪表台的功用

- 汽车仪表台为驾驶员提供所需的各种汽车运行参数信息。
- 汽车仪表台包括转速、水温、油量、警告、时速、里程、蓄电池电量、车门位置、安全带提醒等信息

没有危机是企业最大的危机。

学习笔记

步骤二：拆装仪表板

（1）拆下蓄电池负极接线，如图 3-1-1 所示。

（2）拆下转向盘中央紧固螺母，将转向盘摆正后取下。

（3）拆下转向管柱下端护罩，并取下上面的游丝，如图 3-1-2 所示。

（4）断开组合开关线束，取下组合开关，如图 3-1-3 所示。

（5）拆下车灯控制开关，如图 3-1-4 所示。

图 3-1-1　拆下蓄电池负极接线

图 3-1-2　拆下转向管柱下端护罩

图 3-1-3　取下组合开关

图 3-1-4　拆下车灯控制开关

组合开关	
结构	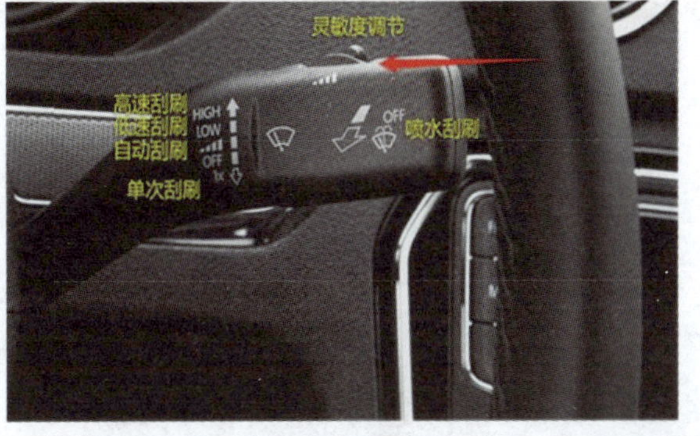
功用	控制转向，远近光切换、刮水电动机的挡位及风窗清洗功能的控制
工作原理 	• 转向开关：上拨为右转向，下拨为左转向。 • 刮水器及喷水器开关：洗涤器是向风窗玻璃上喷水，而刮水器是将风窗玻璃刮拭干净，确保驾驶员有良好的视线。开关上标明了刮水电动机的各挡位（间歇挡、低速挡、高速挡），工作时，驾驶员将开关挡把往自身方向按下可进行喷水操作 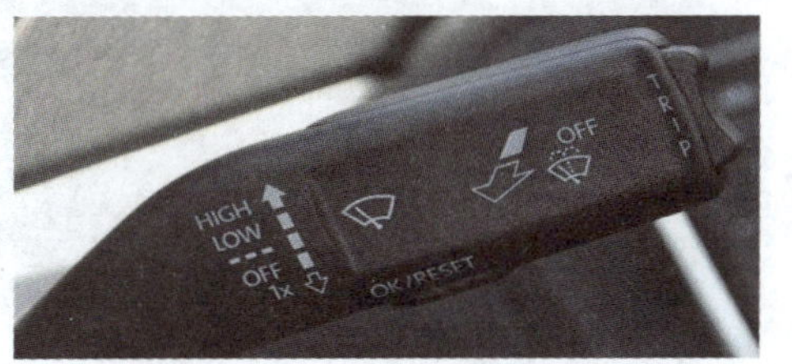

学习笔记

（6）拆下仪表框装饰盖。

（7）拆下组合仪表总成左右紧固螺钉，取下组合仪表并拔下线束连接，如图 3-1-5 所示。

（8）拆下烟灰缸安装架并拔下烟灰缸照明灯的连接线束，如图 3-1-6 所示。

（9）拆下点烟器紧固螺钉，并拔下线束连接，如图 3-1-7 所示。

图 3-1-5　拆下组合仪表

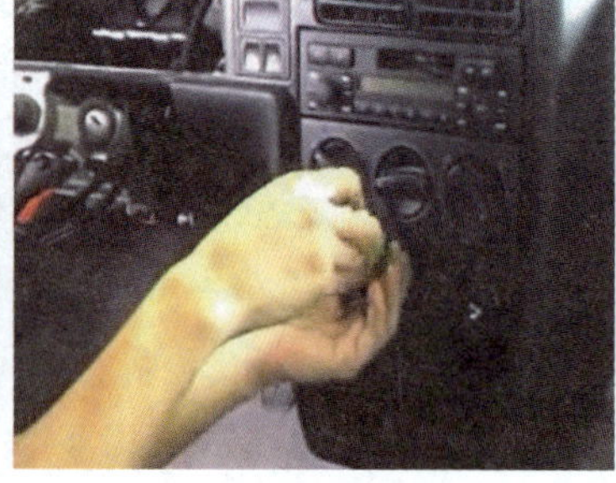

图 3-1-6　拆下烟灰缸安装支架

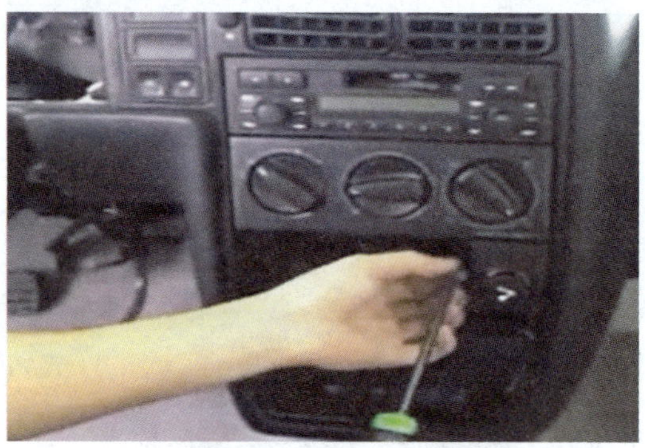

图 3-1-7　拆卸点烟器

点烟器	
结构	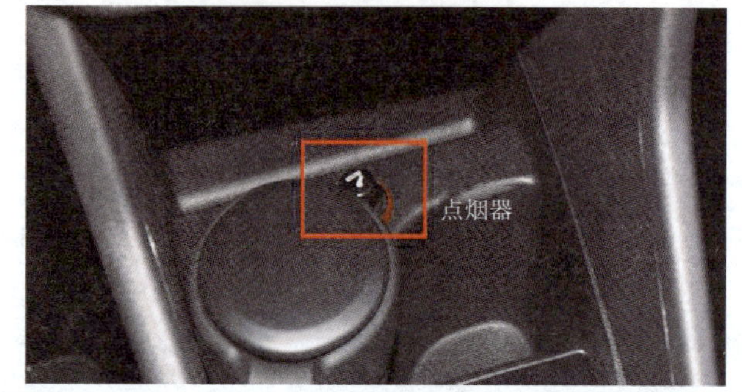
功用	一般用于连接外接设备，例如：车载冰箱、手机快充、外接气泵等。使用时要尽量垂直插拔，不要经常晃动插拔，否则容易导致松动、短路，严重时会烧毁熔丝甚至外接电子设备
工作原理	• 它是一种类似于家庭用电的电源多孔插座，通过插头接入汽车电源，然后引出多个点烟器插口的电子设备。 • 点烟器插座对于经常使用汽车电子产品的车主非常有用。如用作手机充电，数码产品的充电。 • 配置一个车载逆变器，能将汽车上 12 V、24 V 或 48 V 的直流电转换为 220 V/50 Hz 交流电，供普通电器使用。 • 车载逆变器最好采用分体式，使用电器功率限制在 150 W 以下，输出电流不会大于蓄电池电流

没有危机是企业最大的危机。

（10）拆下空调面板，如图 3-1-8 所示。

（11）拆下空调操纵机构总成，如图 3-1-9 所示。

（12）拆下多功能开关并断开连接线束，如图 3-1-10 所示。

（13）拆下副仪表板，如图 3-1-11 所示。

（14）拆下左、右空调出风口。

图 3-1-8　拆下空调面板

图 3-1-9　拆下空调操纵机构总成

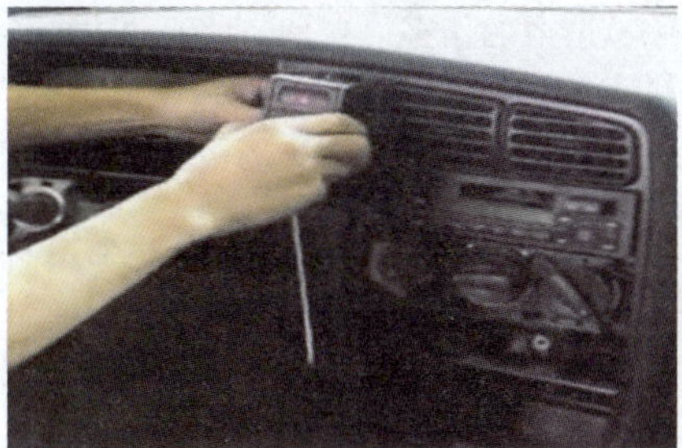

图 3-1-10　拆下多功能开关

图 3-1-11　拆下副仪表板

多功能开关	
图示	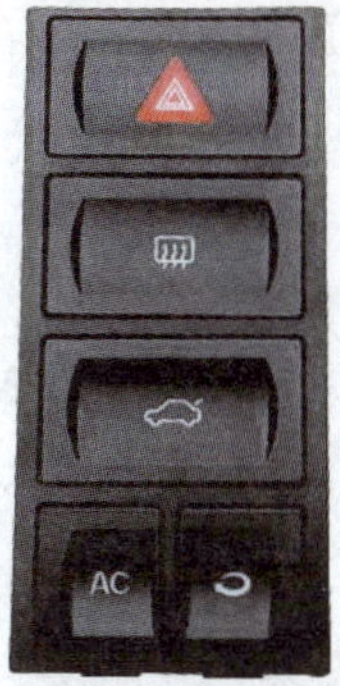
结构	由上至下依次为“双闪“开关、风窗加热开关、行李箱开关、空调压缩机开关
功用	控制“双闪”、风窗加热、行李箱、空调压缩机功能的开启与关闭
工作原理	• 调节面板上面的三角形红色按钮，全名是“危险报警闪光灯”，也即常说的“双闪灯”。它是汽车上的一个信号灯，关键作用是提醒其他的车辆与行人要注意本车发生了特殊状况。 • “双闪”下面的是风窗加热标识、行李箱开启按钮及空调压缩机开启 / 关闭按钮（AC）。 • 目前在汽车转向灯系统中广泛使用电子式闪光器。利用晶体管的开关特性，电容器的充、放电延时特性，控制继电器线圈的通、断电，接通和断开触点，使转向信号灯闪烁。电子式闪光器工作可靠，使用寿命长

学习笔记

学习笔记

（15）拆下副驾驶安全气囊，并断掉连接线束，如图 3-1-12 所示。

（16）拆下左、右前车门密封条及 A 柱饰板，如图 3-1-13 所示。

（17）拆下仪表板各处连接螺栓，如图 3-1-14 所示。

（18）拆下仪表板总成位于前窗流水槽的固定螺钉，如图 3-1-15 所示。

（19）取下仪表板总成。

（20）装配仪表板总成的顺序与以上顺序相反。注意，仪表板总成的各种螺钉众多，拆装工作要求较高，所以无论是拆卸还是装配，一定要记好各零部件的安装位置。

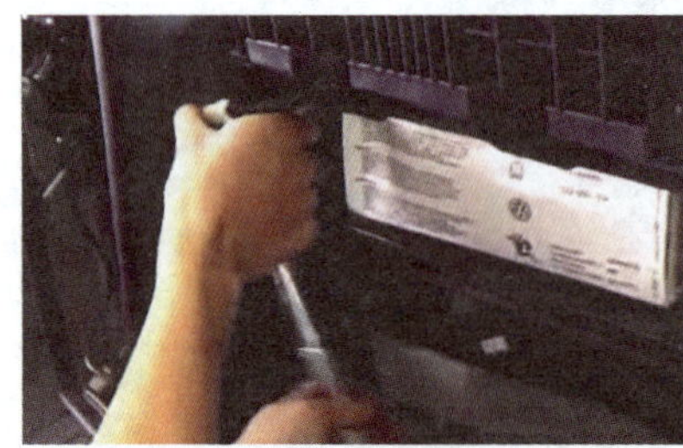

图 3-1-12　拆下副驾驶安全气囊

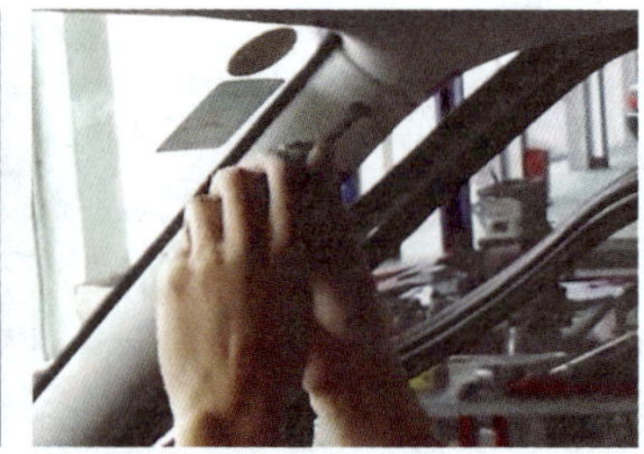

图 3-1-13　拆下左、右前车门密封条及 A 柱饰板

图 3-1-14　拆下仪表板各处连接螺栓

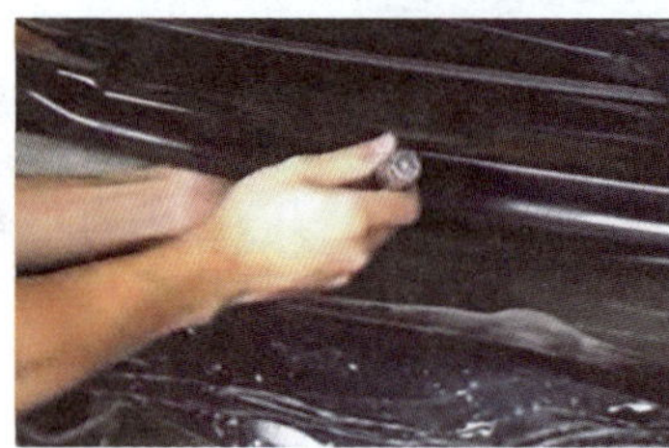

图 3-1-15　拆下仪表板流水槽固定螺钉

安全气囊	
图示	侧面防撞安全气囊　后排乘员防撞安全气囊　驾驶员防撞安全气囊　前排乘员防撞安全气囊
结构	安全气囊系统主要包括碰撞传感器、气囊电脑、系统指示灯、气囊组件以及连接线路。气囊组件主要包括气囊、气体发生器以及点火器
功用	• 安全气囊在车辆发生碰撞时能够起到缓冲作用，从而降低撞击对车内乘员造成的伤害，它是一种辅助防护系统。 • 气囊采用尼龙制成，内层涂有聚氯丁二烯，用以密封气体。气囊静止时被折叠成包，安放在气体发生器上部和气囊饰盖之间，气囊饰盖表面模压有浅印，以便气囊充气爆开时撕裂饰盖，并减小冲出饰盖的阻力
工作原理	• 点火器引爆点火剂时，产生气体向气囊充气，使气囊爆开。气囊发生器使用专用螺栓固定在气囊支架上，只有使用专用工具才能进行装配。 • 在触发碰撞传感器和防护碰撞传感器将气囊电路接通时，引爆点火剂，产生热量使充气剂分解

没有危机是企业最大的危机。

学习笔记

任务测评

一、知识测评

确定本任务关键词，按重要程度进行关键词排序并举例解读。

根据自己对重要信息捕捉、排序、表达、创新和划分权重能力进行自评，满分 100 分（见表 3-1-2）。

表 3-1-2　拆装仪表板知识测评表

序号	关键词	举例解读	评分自定
1			
2			
3			
4			
5			
总分			

二、能力测评

对表 3-1-3 所列作业内容，操作规范即得分，操作错误或未进行操作即零分。

表 3-1-3　拆装仪表板能力测评表

序号	作业内容	配分	得分
1	灯光控制开关拆装	20	
2	组合开关拆装	20	
3	中调节栅总成拆装	20	
4	副驾驶安全气囊拆装	20	
5	车门密封条及 A 柱饰板的拆装	20	
总分		100	

三、素养测评

对表 3-1-4 所列素养点，做到即得分，未做到即零分。

表 3-1-4　拆装仪表板素养测评表

序号	素养点	配分	得分
1	安全、环保意识	20	
2	标准、规范意识	20	
3	5S 意识	20	
4	团队协作精神	20	
5	自主学习精神	20	
总分		100	

四、拓展训练

（1）请列举拆装仪表板时易出现的问题，分析产生问题的原因并制定解决问题的措施。（满分 25 分）

（2）在按动右侧组合开关进行风窗清洗操作时发现只有刮水器在工作但没有玻璃水喷出，试根据现象制定检测流程。（满分 25 分）

（3）从复古的机械仪表台到如今眼花缭乱科技感十足的中控台，岁月的痕迹留给不同年代人不同的记忆。请按照图 3-1-16 所示思维导图格式，对拆装仪表板的学习收获进行总结，搜集资料梳理一下仪表板进化史，同时上网学习一下传统仪表板改成液晶仪表盘的技术。（满分 50 分）

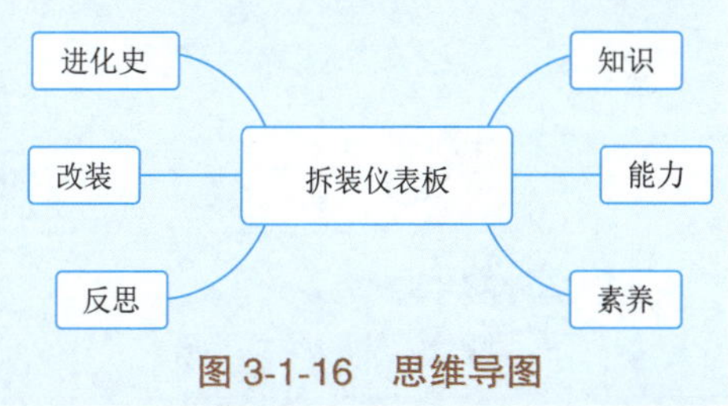

图 3-1-16　思维导图

视频

3-1 捷达仪表台的拆卸

没有危机是企业最大的危机。

学习笔记

任务二　拆装前照灯与尾灯总成

职业行动

步骤一：作业准备

1. 作业场地

选择带有消防设施的作业场地。

2. 设备设施

2007 款捷达 1.6 L 轿车（整车且能够正常起动）、工具车、零件车。

3. 工量辅具（见表 3-2-1）

表 3-2-1　拆装前照灯与尾灯总成工量辅具

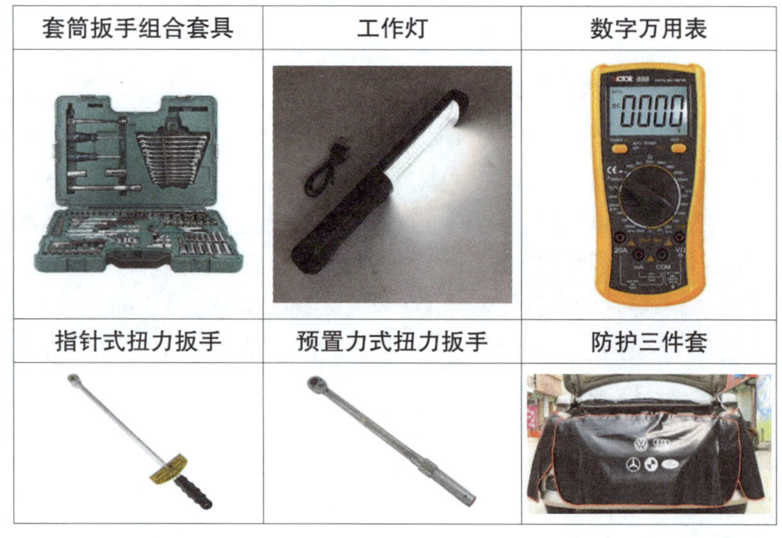

套筒扳手组合套具	工作灯	数字万用表
指针式扭力扳手	预置力式扭力扳手	防护三件套

4. 零件耗材

手套、抹布、防护三件套。

职业知识

前照灯总成组成与功用

组成	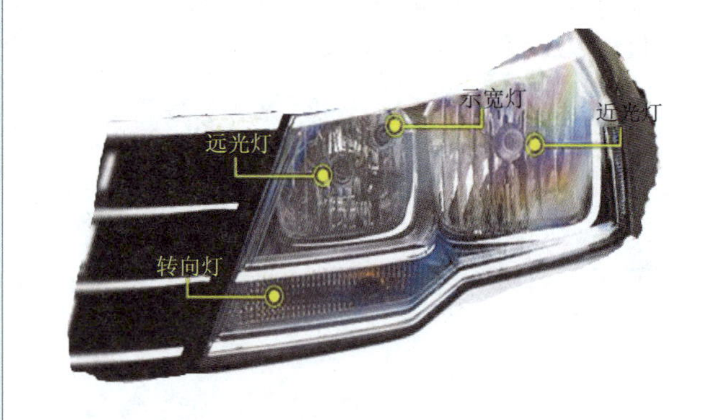
功用	转向、照明、提醒

尾灯总成组成与功用

组成	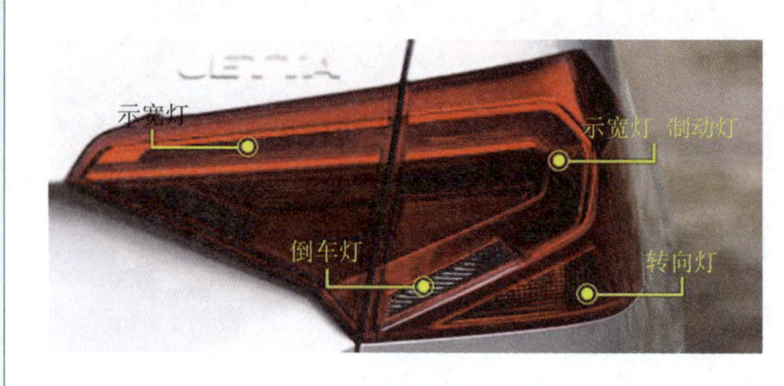
功用	示宽、警示、转向

没有什么比忙忙碌碌更容易，没有什么比事半功倍更困难。

步骤二：拆装前照灯总成

（1）拆下蓄电池负极接线，断开前照灯总成线束连接，如图 3-2-1 所示。

（2）使用 T20 扳手拆卸前保险杠上部紧固螺栓，如图 3-2-2 所示。

（3）拆卸右前（或左前）保险杠与翼子板紧固螺栓，如图 3-2-3 所示。

（4）举升车辆至合适位置，使用 T20 套筒扳手拆下前保险杠下部紧固螺栓，如图 3-2-4 所示。

（5）降下车辆，取下前保险杠。

图 3-2-1　拆下蓄电池负极接线及断开前照灯总成线束连接

图 3-2-2　拆卸前保险杠上部紧固螺栓

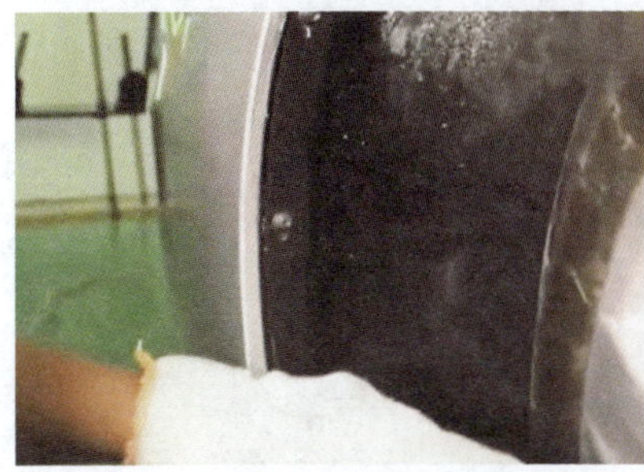

图 3-2-3　拆卸前保险杠与翼子板紧固螺栓

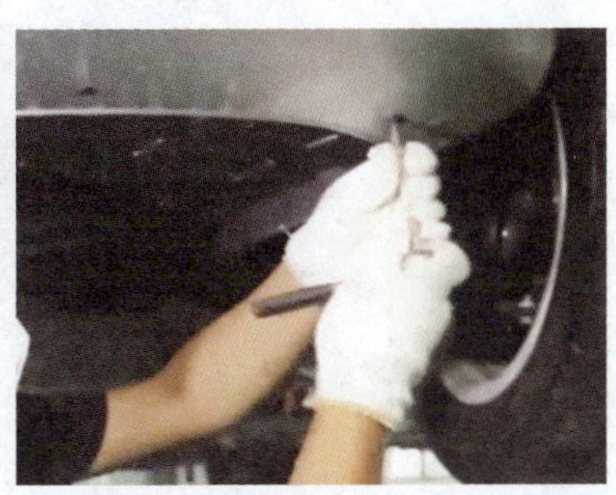

图 3-2-4　拆卸前保险杠下部紧固螺栓

前保险杠组成与功用

组成	前保险杠由外板、缓冲材料和横梁等三部分组成。外板和缓冲材料用塑料制成，横梁用厚度为 1.5 mm 左右的冷轧薄板冲压成 U 形槽 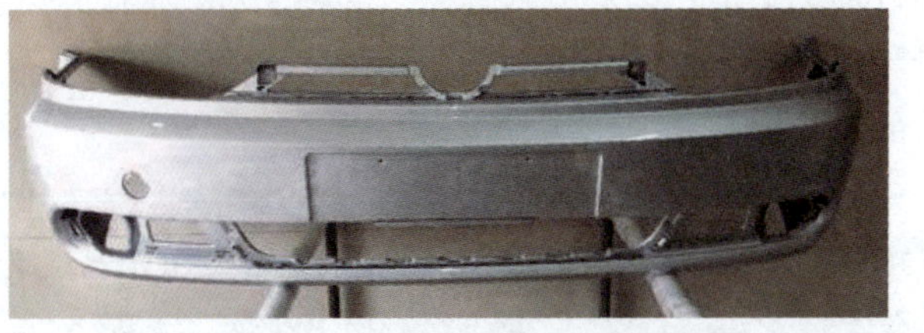
功用	• 保险杠是对车辆或驾驶员在冲撞受力的时候，吸收、缓和外界冲击力，产生缓冲的装置，起到保护人与车的作用。 • 车辆保险杠除了保持原有的保护功能外，还追求与车体造型和谐与统一，追求本身的轻量化。目前轿车的保险杠的材质采用了塑料

翼子板组成与功用

组成	 翼子板由外板部和加强部组成
功用	翼子板的作用是在车辆行驶过程中，防止被车轮卷起的砂石、泥浆溅到车厢的底部

学习笔记

学习笔记

（6）拆卸前照灯远近光灯防尘盖，如图 3-2-5 所示。

（7）用手捏住钢丝卡簧，待卡子松开后，捏住灯泡尾部的金属片往外抽出，如图 3-2-6 所示。

（8）将灯泡从电源接口拔出，注意在操作时务必戴上手套，因灯泡沾上油污会影响其寿命，如图 3-2-7 所示。

（9）按以上顺序逆向操作，即为装配操作。注意维修手册要求的螺栓力矩要求。

图 3-2-5　拆卸前照灯远近光灯防尘盖

图 3-2-6　捏住灯泡尾部的钢丝卡簧

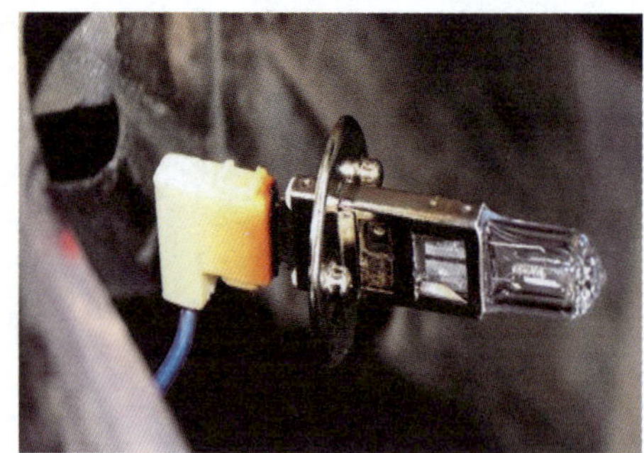
图 3-2-7　拔出灯泡

<table>
<tr><th colspan="2">远近光</th></tr>
<tr><td>操作方法</td><td>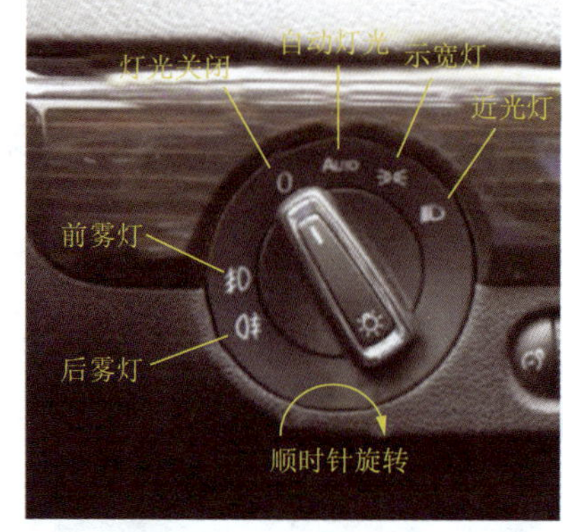
 近光（绿色）
 远光（蓝色）
转动灯光控制开关手柄，换到近光灯挡位，近光灯即可点亮。将转向盘左侧挡杆往驾驶员方向按下，可进行远近光切换</td></tr>
<tr><td>功用及要求</td><td>• 开启车灯尤其是在夜间行车时非常必要。一是起到照明作用，二是行人及车辆通过灯光来进行辨识。
• 远光灯的光线平行射出，光线集中且亮度较高，可以照到更高、更远的物体，对于夜间驾驶员的视线有很大的帮助。
• 开启远光灯的车辆应该在会车前 150 m 切换至近光灯</td></tr>
</table>

没有什么比忙忙碌碌更容易，没有什么比事半功倍更困难。

学习笔记

步骤三：拆装尾灯总成

（1）拆下行李箱盖上后雾灯壳固定螺栓，取下后雾灯壳，如图 3-2-8 所示。

（2）取下尾灯线束护罩，断开线束连接，如图 3-2-9 所示。

（3）拆卸四个尾灯固定螺栓，如图 3-2-10 所示。

（4）取下尾灯总成，如图 3-2-11 所示。

（5）按以上顺序逆向操作，即为装配操作。注意《维修手册》对螺栓的力矩要求。

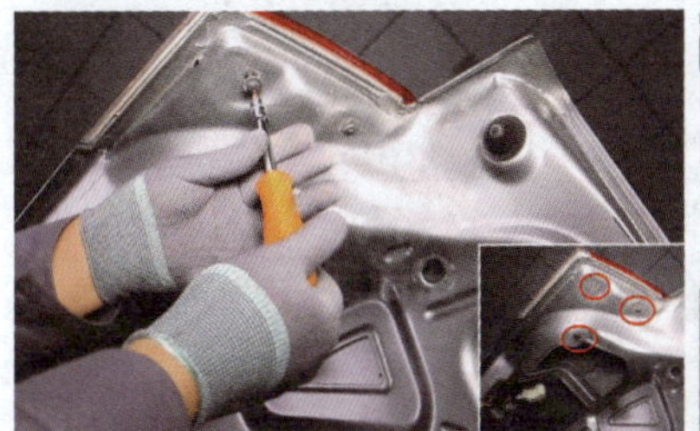

图 3-2-8　拆卸后雾灯壳

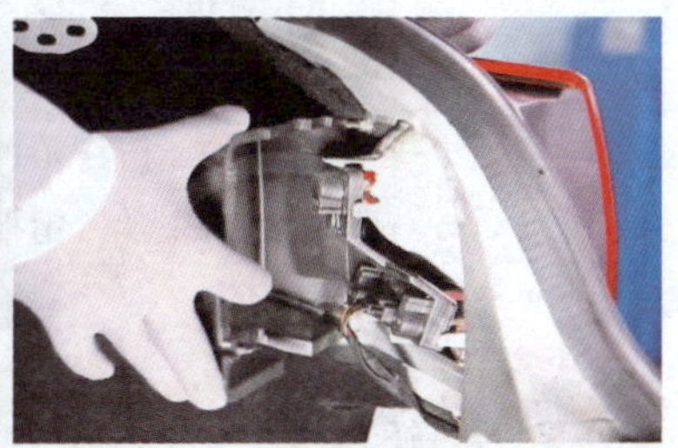

图 3-2-9　取下尾灯线束护罩

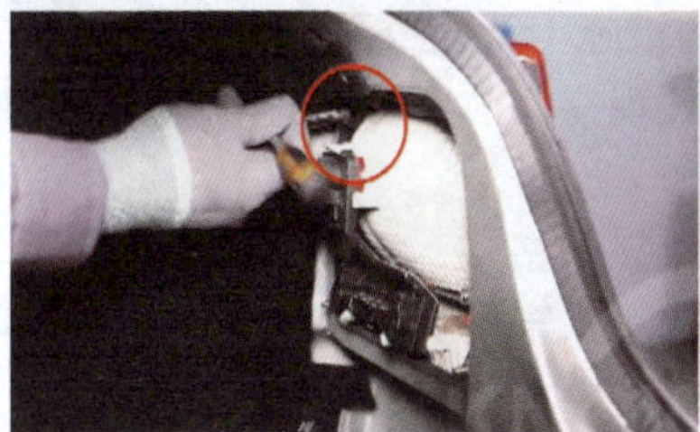

图 3-2-10　拆卸四个尾灯固定螺栓

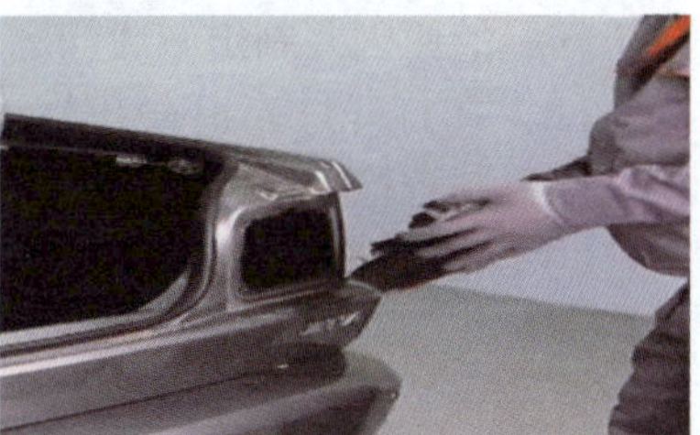

图 3-2-11　取下尾灯总成

雾灯	
操作方法	 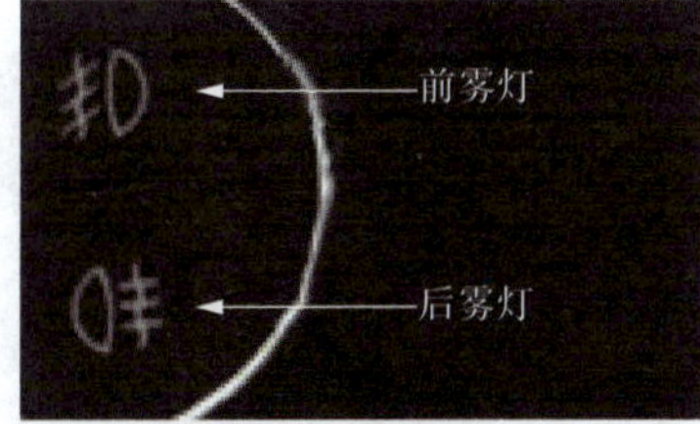 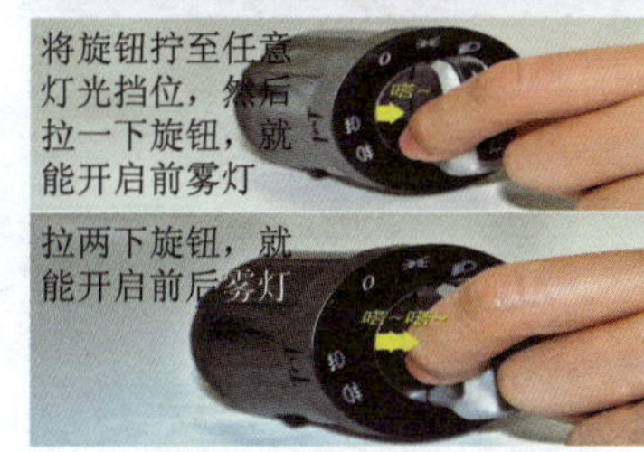 将旋钮拧至任意挡位，然后拉一下旋钮就开启前雾灯，再拉一下，开启前后雾灯
功用	• 前雾灯用于雨雾天气行车时照明道路。因为雾天能见度低，选取黄色雾灯，可提高驾驶员与周围交通参与者的能见度。 • 后雾灯安装在车辆尾部，易于车辆后方其他交通参与者发现。选取发光强度比尾灯更大的红色信号灯

学习笔记

视频

3-2 前照灯总成的拆装

视频

3-3 尾灯总成的拆装

任务测评

一、知识测评

确定本任务关键词，按重要程度进行关键词排序并举例解读。

根据自己对重要信息捕捉、排序、表达、创新和划分权重能力进行自评，满分 100 分（见表 3-2-2）。

表 3-2-2　拆装前照灯与尾灯总成知识测评表

序号	关键词	举例解读	评分自定
1			
2			
3			
4			
5			
总分			

二、能力测评

对表 3-2-3 所列作业内容，操作规范即得分，操作错误或未进行操作即零分。

表 3-2-3　拆装前照灯与尾灯总成能力测评表

序号	作业内容	配分	得分
1	前轮拆装	20	
2	前保险杠拆装	20	
3	大灯总成拆装	20	
4	尾灯总成拆装	20	
5	专业拆装工具的使用	20	
总分		100	

三、素养测评

对表 3-2-4 所列素养点，做到即得分，未做到即零分。

表 3-2-4　拆装前照灯与尾灯总成素养测评表

序号	素养点	配分	得分
1	安全、环保意识	20	
2	标准、规范意识	20	
3	5S 意识	20	
4	团队协作精神	20	
5	自主学习精神	20	
总分		100	

四、拓展训练

（1）请列举拆装前照灯与尾灯总成作业易出现的问题，分析产生问题的原因并制定解决问题的措施（满分 25 分）。

（2）在打开灯光组合开关时发现左侧前照灯远光灯不亮，试根据现象制定检测流程（满分 25 分）。

（3）请按照图 3-2-12 所示思维导图格式，对拆装前照灯与尾灯总成的学习收获进行总结，选择一款车型学习设计一个前照灯与尾灯改装方案（满分 50 分）。

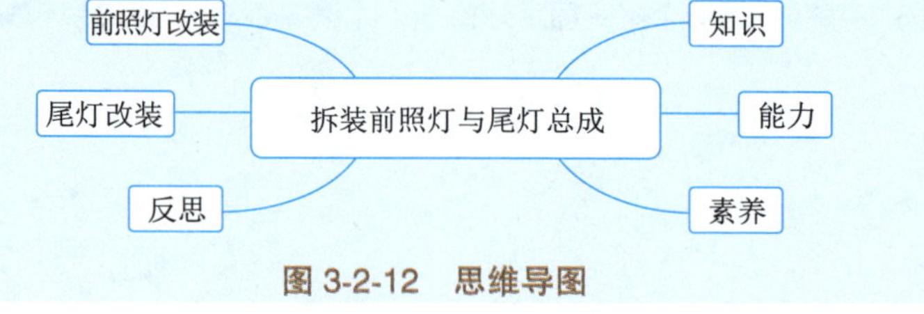

图 3-2-12　思维导图

没有什么比忙忙碌碌更容易，没有什么比事半功倍更困难。

学习笔记

任务三　检查更换整车线束

职业行动

步骤一：作业准备

1. 作业场地

选择带有消防设施的作业场地。

2. 设备设施

2007 款捷达 1.6 L 轿车（整车且能够正常起动）、工具车、零件车。

3. 工量辅具（见表 3-3-1）

表 3-3-1　检查更换整车线束工量辅具

套筒扳手组合套具	工作灯	数字万用表
热风枪	**预置力式扭力扳手**	**防护三件套**

4. 零件耗材

手套、抹布、防护三件套。

职业知识

仪表板线束总成

简介及组成	• 仪表台集中全车大部分的操作开关和显示装置，聚集了多个控制单元，同时，线束对接的部分也往往设计在仪表台的两侧，所以，仪表板线束是整车最为复杂的线束之一。 • 包括音响系统、安全气囊、ECU（电子控制单元）、TCU（变速器控制单元）、制动开关、电子加速踏板、点烟器、备用电源及各种开关件（如组合开关、报警开关等） 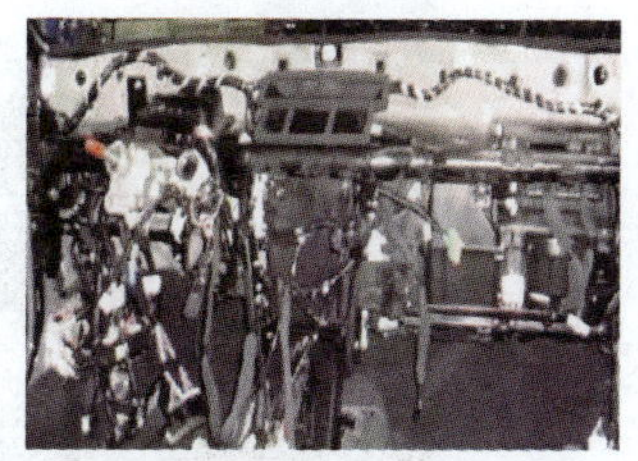
功用	线束是汽车电路的网络主体，连接汽车电气电子部件并使之发挥功能

室内线束总成

组成	室内（地板）线束是全车最长最大的线束，贯穿整个车身。包括电动座椅及加热、电子油泵、安全带开关、后轮速传感器、转角传感器等 
功用	室内线束连接汽车的驾驶室内电气电子部件并使之发挥功能

学习笔记

步骤二：检查更换整车线束

（1）拆下蓄电池负极接线，如图 3-3-1 所示。

（2）根据线径，选择合适的接头进行线束更换，剥取线端 5 mm 位置处，如图 3-3-2 所示。

（3）用压线钳压紧线束，如图 3-3-3 所示。

图 3-3-1　拆下蓄电池负极接线

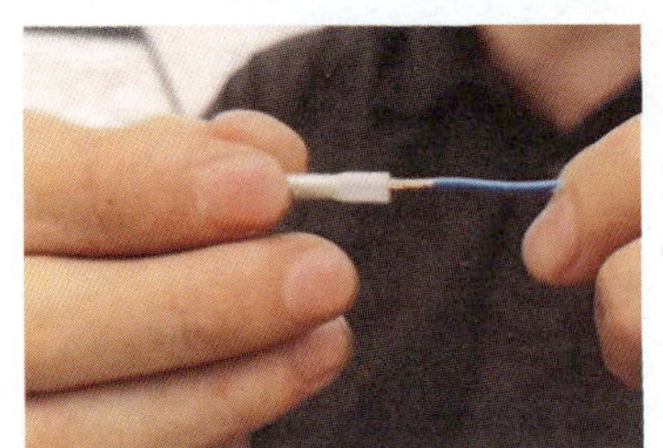

图 3-3-2　进行线束更换

图 3-3-3　用压线钳压紧线束

线径	
规格 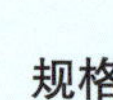	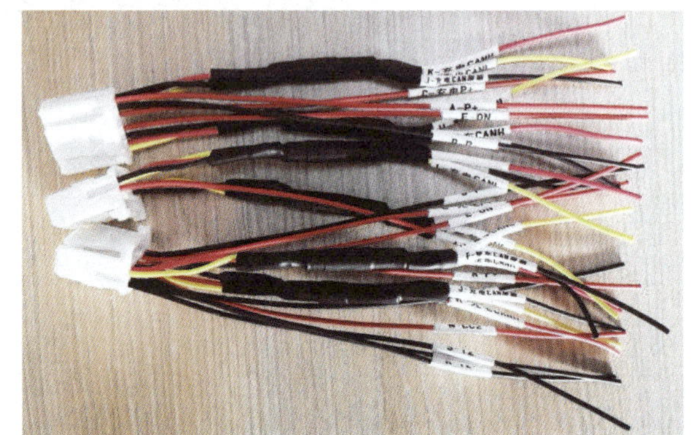 汽车线束使用的导线常用规格有标称线径 0.5 mm、0.75 mm、1.0 mm、1.5 mm、2.0 mm、2.5 mm、4.0 mm、6.0 mm 等，它们各自都有允许负载电流值，配用于不同功率用电设备的导线
使用要求	0.5 mm 规格线适用于仪表灯、指示灯、门灯、顶灯等；0.75 mm 规格线适用于牌照灯，制动灯等；1.0 mm 规格线适用于转向灯、雾灯等；1.5 mm 规格线适用于前照灯、喇叭等；主电源线例如发电机电枢线、搭铁线等要求 2.5 ～ 4 mm 线径的导线

因事认识人，因人成就事。

（4）用热风枪在 120 ℃下塑封线束，目的是起到良好的导电、防水效果，达到与原厂相同的效果。如图 3-3-4 所示。

（5）根据线束颜色的定义，选择合适颜色的线束进行更换。

（6）使用专用挑针取针解锁钥匙进行公、母插头的匹配操作，如图 3-3-5 所示。

图 3-3-4 用热风枪塑封线束

图 3-3-5 使用专用挑针工具拆卸线束端子

线束颜色	
图示	
分类	常用的有单色和双色两种。如红色（R），黑色（B）、白色（W）、绿色（G）、黄色（Y）、黑白色（BW）、红黄色（RY）。其中，双色线中前一种为主色，后一种为辅色
使用原则	• 通过采用不同颜色的导线、在颜色代码前注明导线的截面积、用不同的字母进行电路图表附注等方式，是为了将汽车线束中的多条导线进行明确识别，以方便在维修过程中通过安装图来有效、快速地检测。 • 选择导线的颜色：单色是最优选择，双色次之。除此之外，在汽车线束安装图中，黑色导线是各种汽车电器搭铁线的首选

学习笔记

学习笔记

任务测评

一、知识测评

确定本任务关键词，按重要程度进行关键词排序并举例解读。

根据自己对重要信息捕捉、排序、表达、创新和划分权重能力进行自评，满分 100 分（见表 3-3-2）。

表 3-3-2　检查更换整车线束知识测评表

序号	关键词	举例解读	评分自定
1			
2			
3			
4			
5			
总分			

二、能力测评

对表 3-3-3 所列作业内容，操作规范即得分，操作错误或未进行操作即零分。

表 3-3-3　检查更换整车线束能力测评表

序号	作业内容	配分	得分
1	线径的选取	20	
2	线束颜色识别	20	
3	整车线束图的识读	20	
4	线束更换操作	20	
5	专用工具的使用	20	
总分		100	

三、素养测评

对表 3-3-4 所列素养点，做到即得分，未做到即零分。

表 3-3-4　检查更换整车线束素养测评表

序号	素养点	配分	得分
1	安全、环保意识	20	
2	标准、规范意识	20	
3	5S 意识	20	
4	团队协作精神	20	
5	自主学习精神	20	
总分		100	

四、拓展训练

（1）请列举检查更换整车线束作业易出现的问题，分析产生问题的原因并制定解决问题的措施（满分 25 分）。

（2）在汽车副驾驶座位下的地板发现有线束绝缘皮剥落，试根据现象制定检测维修流程（满分 25 分）。

（3）请按照图 3-3-6 所示思维导图格式，对检查更换整车线束的学习收获进行总结，搜集两个线束的故障现象，用鱼骨图分析可能原因，并写成 500 字各一篇案例（满分 50 分）。

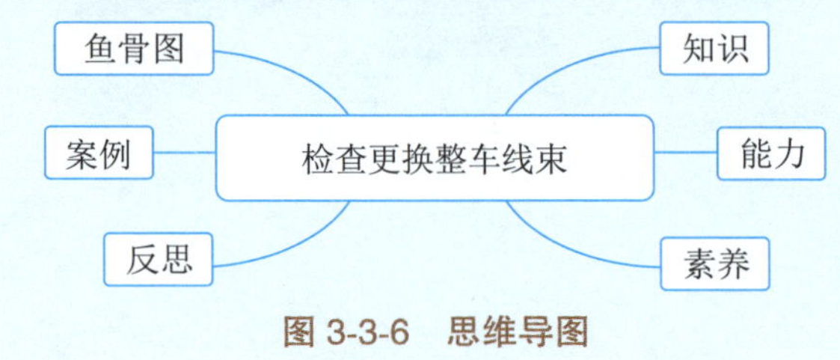

图 3-3-6　思维导图

视频

3-4 线束的一般维修

因事认识人，因人成就事。

学习笔记

学习考评

一、考评项目

根据所学，对 2007 款捷达 1.6 L 轿车电器系统进行拆装。

二、实施准备

1. 学生准备

学生按照教学进度计划，已经完成了以下学习任务并达到了 75 分以上，可进行该学习考评的实施。

（1）理解并掌握学习考评需要的相关知识和方法，得分大于 75 分。

（2）运用学习考评需要的相关知识和方法进行作业，得分大于 75 分。

（3）按时、按质、按量完成相应作业，得分大于 80 分。

（4）具有自觉遵守技术标准和要求规定、规范操作、安全、环保、“5S” 作业、团结协作的好习惯，得分大于 80 分。

（5）能制定 2007 款捷达 1.6 L 轿车电器系统拆装流程。

2. 教师准备

（1）在安排学生实施学习考评前，通过课堂问题研讨、作业、实训和考核及其他方式，确认学生已经具备了实施学习考评所需的知识、技能和素养，并确保学生在安全状态下独立进行。

（2）对协助教师进行测评的学生进行测评和监督方法的培训，确保测评结果的准确性和公平性。

（3）准备好测评记录。

三、验证方法与标准

（1）每位测评人员负责对两名学生进行定点、全过程的监控和测评。

（2）详细记录学生在实施学习考评过程中的相关信息、数据、结果、操作方法、完成时间，以及出现错误、事故等情况。

（3）学习考评的作业过程和数据记录等，要求在 60 min 内完成。

（4）考评内容及评分标准见下表。

考评内容及评分标准

评分项	得分条件	评分标准	配分	得分
安全 /5S/ 态度	（1）能进行工位 5S 操作（5 分）。 （2）能进行设备和工具安全检查（3 分）。 （3）能进行工具清洁、校准、存放操作（3 分）。 （4）能进行三不落地操作（4 分）	依据得分条件进行评分	15	
专业技能能力	（1）能够拆卸仪表板（7 分）。 （2）能够检查与更换整车线束（7 分）。 （3）能够检查前照灯、转向灯、雾灯线束（6 分）。 （4）能够拆装前保险杠与翼子板（7 分）。 （5）能够拆装中控台（6 分）。 （6）能够拆装尾灯总成（7 分）。 （7）能够拆卸灯光控制开关总成（5 分）。 （8）能够用力矩扳手正确锁紧螺母（5 分）	依据得分条件进行评分	50	

学习笔记

续表

评分项	得分条件	评分标准	配分	得分
资料、信息查询能力	（1）能正确使用维修手册查询资料（2分）。 （2）能在规定时间内查询所需资料（3分）。 （3）能正确记录所查询资料章节页码（2分）。 （4）能正确记录所需维修信息（3分）	依据得分条件进行评分	10	
工具使用	（1）能正确选用维修工具（2分）。 （2）能正确使用维修工具拆装（2分）。 （3）能正确使用卡簧钳(2分)。 （4）能正确使用专用工具（2分）。 （5）能熟练使用办公软件(2分)	依据得分条件进行评分	10	
数据判读和分析能力	（1）能判断线束的颜色及线径（5分）。 （2）能判断线束的断点（5分）	依据得分条件进行评分	10	
表单填写与报告的撰写能力	（1）语句通顺（2分）。 （2）无错别字（1分）。 （3）无抄袭（2分）	依据得分条件进行评分	5	
合计			100	

四、考评报告

说明：考评分为理论考评和实操考评，理论考评根据项目要求以及考评模板格式制定项目实施方案，方案经教师审核合格后，方可进行实操考评。考评报告模板详见附录A。

学习笔记

拓展阅读——汽车车身发展史

汽车诞生 100 余年，车身造型几经发展变化，从第一辆三轮汽车到现在的各种炫酷外形，形成了各个品牌风格，争奇斗艳，令人目不暇接。

马车型汽车

1886 年德国人卡尔・本茨获得了以汽油机为动力的三轮车的专利，车身沿用了三轮马车传统的木质结构，早期的轿车车身沿用了马车车身结构，整个车身以木材为主。

福特厢型车

福特厢型车即 T 型车。T 型车类似于历史悠久的马车，只是用发动机作为车的引擎，加之车身用了金属外壳和玻璃材料。

大众甲壳虫

大众甲壳虫是一款经典造型。二十世纪三十年代由德国人费迪南德•波尔舍(大众公司的创始人)设计,生产一直延续到今天。

船形汽车

1949 年，福特公司推出具有历史意义的新型福特 V8 型汽车，整个车身造型犹如一艘船，所以人们把这类车称为船形汽车。

鱼形汽车

1950 年代，美国别克公司为解决船型汽车尾部空气涡流，减少汽车后轮的附着力而改进设计了鱼形汽车。

楔形汽车

1963 年，美国斯蒂贝克公司第一次设计出楔形的阿本提汽车。楔形汽车就是将车身整体向前下方倾斜，车身后部像刀切一样平直，这种造型能有效地克服升力。这种汽车得到了汽车外形设计专家极高的评价。

流线型汽车

21 世纪，流线型汽车成了汽车车身的主流车型。

各种车的外形如下图所示。

马车型汽车

福特厢型车

大众甲壳虫

船形汽车

鱼形汽车

楔形汽车

学习笔记

流线型汽车

思考： 车身艺术并不只限于造型艺术，人们往往会过分关注于造型设计，而忽视了汽车作为“移动艺术”的另一大重点——结构艺术，安全、风阻等等都是现代汽车车身造型重点考虑的因素，请你想一想，历史上主要几类车身形状变化的设计理念是什么？

学习笔记

学习笔记

项目四　拆装汽车附属设施

一、项目描述

完成 2007 款捷达 1.6 L 手动挡轿车附属设施拆装作业。

二、项目要求

依据 2007 款捷达 1.6 L 手动挡轿车的技术要求与标准，正确使用工具，完成如下拆装作业：

（1）车门总成及玻璃升降器拆装作业；

（2）刮水电动机及风窗玻璃洗涤泵拆装作业。

三、学习目标

（1）能够准确描述汽车附属设施的组成及功用；

（2）能够准确描述拆装车门总成作业方法；

（3）能够准确描述拆装玻璃升降器作业方法；

（4）能够准确描述拆装刮水电动机作业方法；

（5）能够规范地对车门总成、玻璃升降器进行拆装作业；

（6）能够规范地对刮水电动机、风窗玻璃洗涤泵进行拆装作业；

（7）养成自觉遵守技术标准和要求规定、规范操作、安全、环保、“5S”作业的好习惯。

（8）养成开放的思维习惯；

（9）体会汽车车门进化里的创新要素。

四、学习载体

学习载体如下图所示。

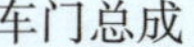

发动机舱

车门总成及发动机舱

车门由内护板、外护板、窗框、加强板、内衬、玻璃升降器、锁具、电动车窗控制开关、车窗玻璃等组成。

发动机舱由发动机总成、冷冻液补给水壶、玻璃水壶及风窗洗涤泵、蓄电池、流水槽、发动机电子控制单元（ECU）、刮水器电动机等设备组成。

学习笔记

视频

4-1 捷达车门内饰的拆装

任务一　拆装车门总成及玻璃升降器

职业行动

步骤一：作业准备

1. 作业场地

选择带有消防设施的作业场地。

2. 设备设施

2007 款捷达 1.6 L 轿车（整车且能够正常起动）、工具车、零件车。

3. 工量辅具（见表 4-1-1）

表 4-1-1　拆装车门总成及玻璃升降器工量辅具

套筒扳手组合套具	工作灯	数字万用表
指针式扭力扳手	预置力式扭力扳手	防护三件套

4. 零件耗材

手套、抹布、防护三件套。

职业知识

车门总成组成与功用

组成	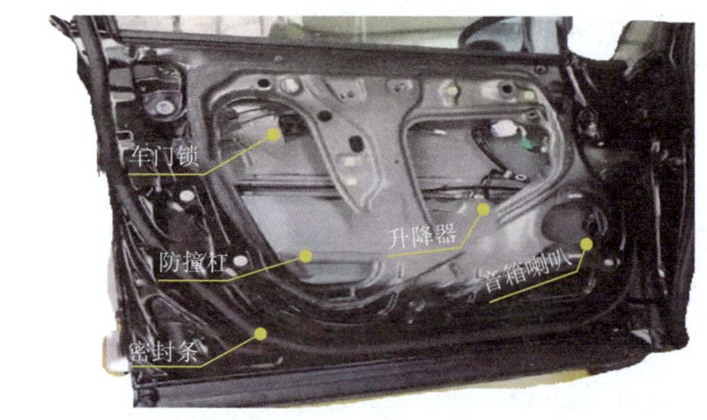
功用	车门总成是为驾驶员和乘员提供出入车辆的通道，并隔绝车外干扰，在一定程度上减轻侧面撞击，保护乘员的安全

汽车维修用工作灯的功用

- 这是一种机动车辆明照装置，它适用于汽车夜间排除故障照明使用。
- 目前机动车辆，特别是汽车在夜间行车发生故障进行维修作业时，此工作灯能方便地进行悬挂，且多采用 LED 灯带，光源明亮且稳定

　异想天开就是创新的开始。

步骤二：拆装车门总成及玻璃升降器

（1）拆卸左前车门锁保险杆按钮和车门玻璃拐角饰板，如图 4-1-1 所示。

（2）拆卸左前门内护板固定螺钉，断开电动车窗主控开关连接线束，如图 4-1-2 所示。

（3）拆卸内饰板固定螺钉，将内护板向上抬起，取下内护板，断开连接线束，如图 4-1-3 所示。

（4）沿着车框封胶的方向小心撕下内护板内衬，取下连接线束，如图 4-1-4 所示。

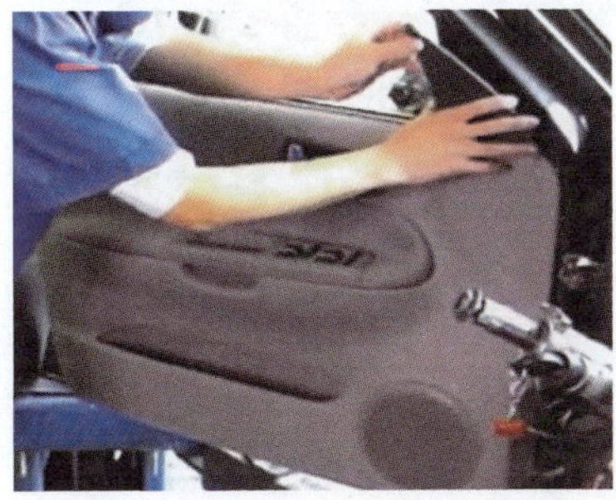

图 4-1-1　拆下车门玻璃拐角饰板

图 4-1-2　拆卸主控开关并断开连接线束

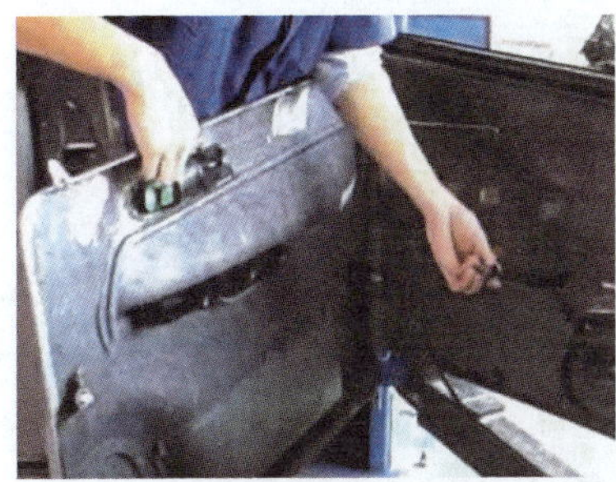

图 4-1-3　断开连接线束取下内护板

图 4-1-4　撕下内护板内衬

主控开关	
结构	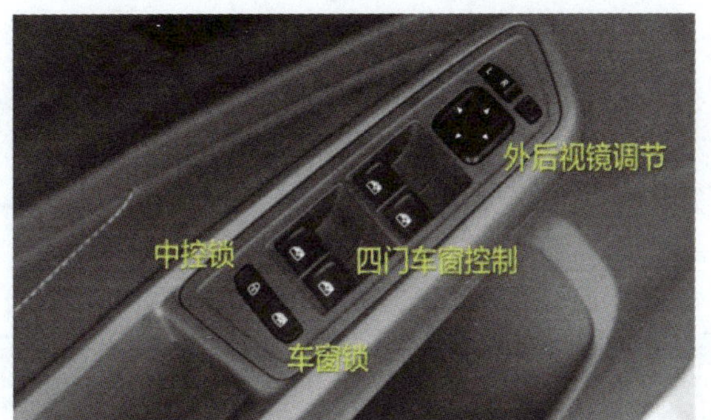
功用	控制车窗的升降
工作原理	• 主控开关所控制的电动车窗采用永磁电动机操作，用手按动按钮，相当于在电动机上施加电压，各电动机即可升降玻璃。 • 电压的极性决定了电动机的旋转方向，车窗开关控制电压极性。左前车窗控制开关（主开关）可以操控四个车门的玻璃升降，主控开关上有锁止开关。 • 当锁上开关锁定时，其余三个车窗不能进行升降。左前车窗一般具有自动升降功能

学习笔记

学习笔记

（5）接上蓄电池负极，如图 4-1-5 所示。

（6）将玻璃升降器电动机线束插头与电动车窗主控开关连接，如图 4-1-6 所示。

（7）按动左前、右前、左后、右后及 Auto 键，测试四个车窗玻璃升降器及玻璃的运行情况，如图 4-1-7 所示。

（8）测试如正常，断开电动车窗主控开关与玻璃升降器电动机连接线束。

（9）拆卸玻璃升降器，如图 4-1-8 所示。

（10）按照与拆卸相反的顺序安装玻璃升降器及车门总成。

图 4-1-5　接上蓄电池负极

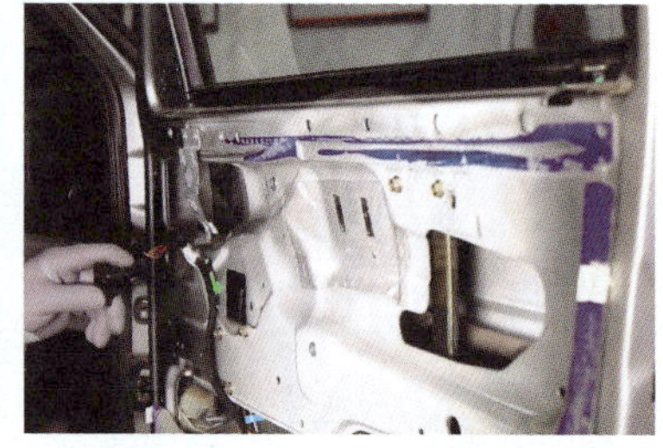

图 4-1-6　连接玻璃升降器电动机线束

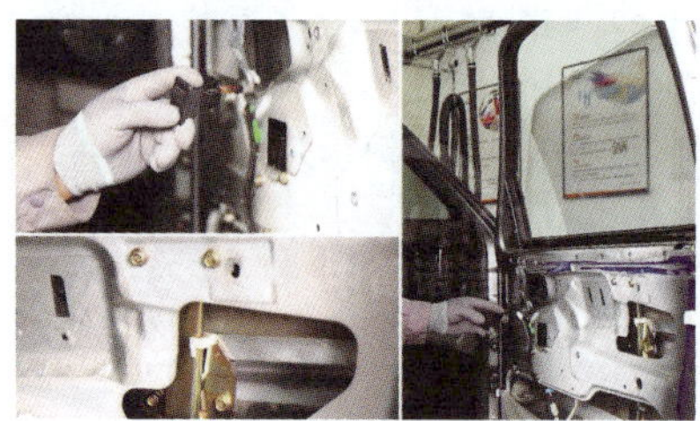

图 4-1-7　测试玻璃升降器及玻璃的运行情况

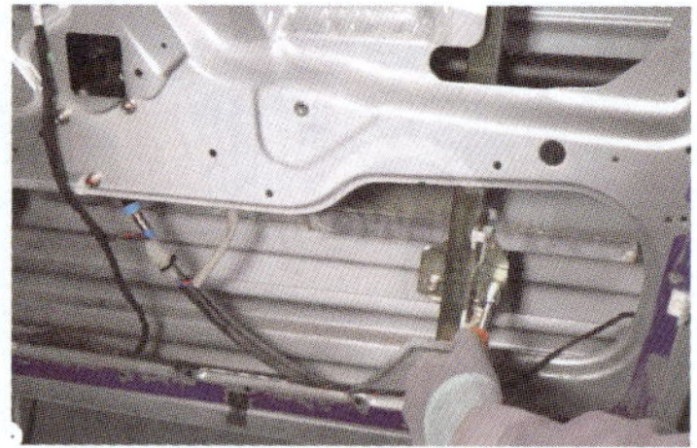

图 4-1-8　拆卸玻璃升降器

玻璃升降器的结构、功用、优点、工作原理	
图示	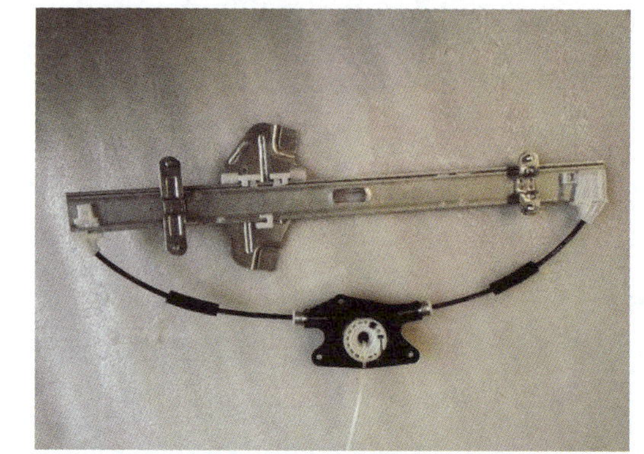
结构	玻璃升降器由操纵机构（摇臂或电动控制系统）、传动机构（齿轮、齿条、齿轮软轴啮合机构）、玻璃升降机构（升降臂、运动托架）、玻璃支承机构（玻璃托架）以及限位机构组成
功用	控制玻璃的升降
优点	增加乘坐舒适度、操作灵活
工作原理	• 主控开关控制内部小电动机正反转，带动绳索，牵动固定着玻璃的滑块上下滑动。 • 开启电动机，由电动机带动减速器输出动力，通过主动臂和从动臂或拉动钢丝绳移动玻璃安装托架，迫使门窗玻璃做上升或下降的直线运动

异想天开就是创新的开始。

学习笔记

任务测评

一、知识测评

确定本任务关键词，按重要程度进行关键词排序并举例解读。

根据自己对重要信息捕捉、排序、表达、创新和划分权重能力进行自评，满分 100 分（见表 4-1-2）。

表 4-1-2　拆装车门总成及玻璃升降器作业知识测评表

序号	关键词	举例解读	评分自定
1			
2			
3			
4			
5			
总分			

二、技能测评

对表 4-1-3 所列作业内容，操作规范即得分，操作错误或未进行操作即零分。

表 4-1-3　拆装车门总成及玻璃升降器能力测评表

序号	作业内容	配分	得分
1	主控电动车窗开关拆装	20	
2	门锁拆装	20	
3	内护板拆装	20	
4	内衬拆装	20	
5	玻璃升降器拆装	20	
总分		100	

三、素养测评

对表 4-1-4 所列素养点，做到即得分，未做到即零分。

表 4-1-4　拆装车门总成及玻璃升降器素养测评表

序号	素养点	配分	得分
1	安全、环保意识	20	
2	标准、规范意识	20	
3	5S 意识	20	
4	团队协作精神	20	
5	自主学习精神	20	
总分		100	

四、拓展训练

（1）请列举拆装车门时易出现的问题，分析产生问题的原因并制定解决问题的措施（满分 25 分）。

（2）在按动车窗控制开关时，发现玻璃只能升或降到某一位置时就不能运行，试根据现象制定检测流程（满分 25 分）。

（3）请按照图 4-1-9 所示思维导图格式，对拆装车门总成及玻璃升降器的学习收获进行总结，搜集两个车门的故障现象，自己找四位同学组成一位小组，推选一位组长，运用讨论的方式，用流程图分析可能的原因，并写成 500 字各一篇案例（满分 50 分）。

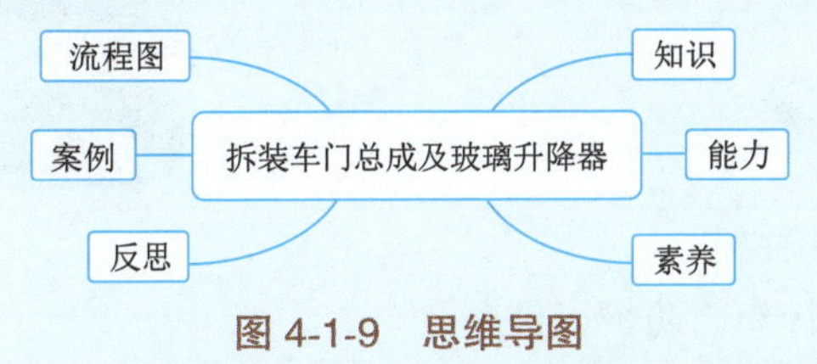

图 4-1-9　思维导图

视频

4-2 玻璃升降器总成的拆卸

视频

4-3 玻璃水电动机的拆装

任务二　拆装刮水电动机、风窗玻璃洗涤泵

职业行动

步骤一：作业准备

1. 作业场地

选择带有消防设施的作业场地。

2. 设备设施

2007 款捷达 1.6 L 轿车（整车且能够正常起动）、工具车、零件车。

3. 工量辅具（见表 4-2-1）

表 4-2-1　拆装刮水电动机、风窗玻璃洗涤泵工量辅具

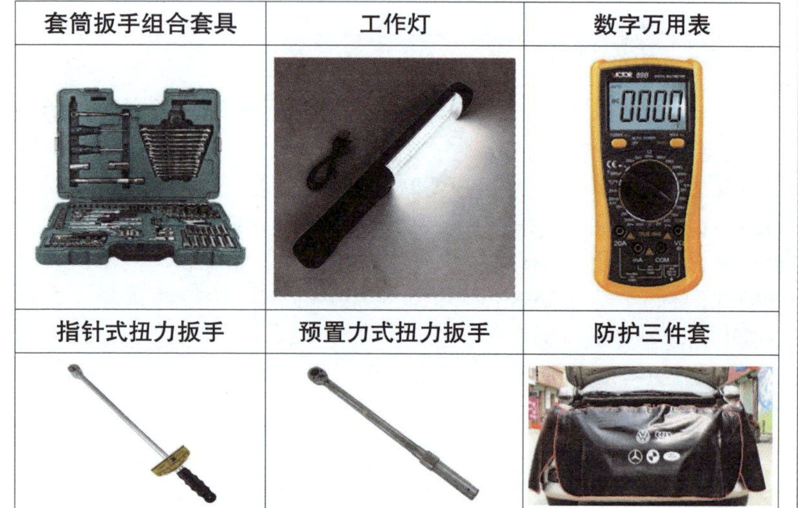

套筒扳手组合套具	工作灯	数字万用表
指针式扭力扳手	预置力式扭力扳手	防护三件套

4. 零件耗材

手套、抹布、防护三件套。

职业知识

数字万用表组成与功用

组成	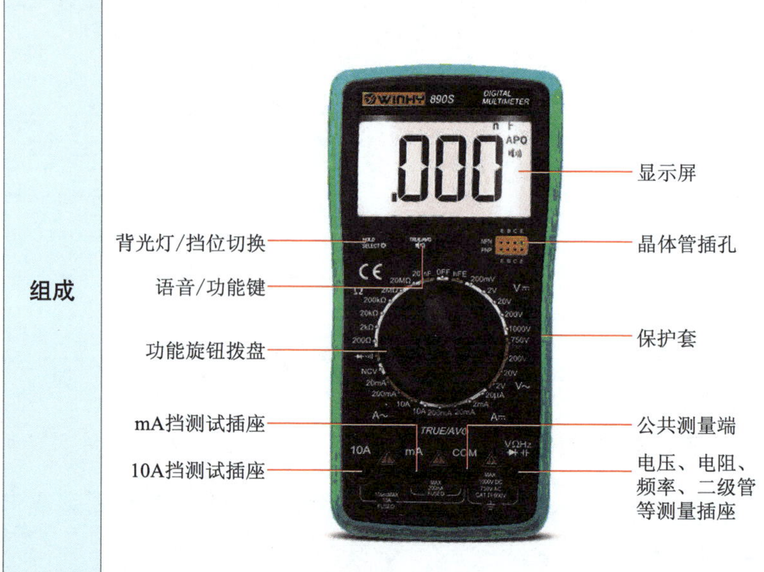
功用	数字万用表是在电气测量中要用到的电子仪器。主要功用是对电压、电阻和电流进行测量，在汽车电子领域中应用广泛

汽车防护三件套的功用

- 在汽车维修和进行保养时，用来保护前杠、左右翼子板、前照灯免受油污污染及硬物划伤。
- 起到绝缘的作用，保护发动机舱内的用电设备

我爱吾家，我爱吾国。

步骤二：拆装刮水电动机及风窗玻璃洗涤泵

（1）将刮水器刮片置于维修位置（大众车型可将点火开关置于 ACC 挡位，同时将刮水器开关置于间歇挡，此时刮水器刮片置于风窗玻璃中央，用一块抹布垫在刮水器刮片下），如图 4-2-1 所示。

（2）断开蓄电池负极，如图 4-2-2 所示。

（3）打开发动机舱盖，找到流水槽，取下发动机 ECU 防水盖板并断开线束，如图 4-2-3 所示。

（4）拆卸刮水电动机与传动联动机构固定螺栓，取下刮水电动机，如图 4-2-4 所示。

（5）按照相反顺序进行安装刮水电动机。

图 4-2-1　将刮水器刮片置于风窗玻璃中央

图 4-2-2　断开蓄电池负极

图 4-2-3　取下 ECU 防水盖板并断开线束

图 4-2-4　拆卸刮水电动机

刮水电动机结构、功用、工作原理

图示	
结构	刮水电动机主要由外壳、磁铁总成、电枢、电刷安装板、复位开关、输出齿轮及蜗轮、输出臂等组成
功用	控制刮水器刮臂的运转
工作原理	• 刮水电动机是由电动机带动，通过连杆机构将电动机的旋转运动转变为刮臂的往复运动，从而实现刮水动作。一般接通电动机，即可使刮水器工作。 • 通过选择高速、低速档，可以变化电动机的电流大小，从而控制电动机转速，进而控制刮臂速度。刮水电动机采用三刷结构，以方便变速。 • 间歇时间由间歇继电器控制。利用电动机的回位开关触点与继电器电阻、电容的充放电功能使刮水器按照一定周期刮扫。刮水电动机后端有封闭在同一个壳体内的小型齿轮变速器，使输出的转速降低至需要的转速

学习笔记

学习笔记

（6）抽净玻璃水壶中的玻璃水，如图 4-2-5 所示。

（7）拆下玻璃水壶，如图 4-2-6 所示。

（8）拆卸风窗玻璃洗涤泵，如图 4-2-7 所示。

（9）按以上顺序逆向操作，即为装配操作。

图 4-2-5　抽净玻璃水

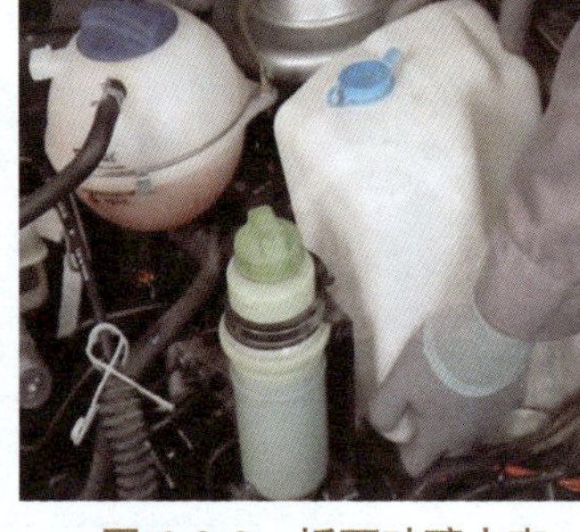

图 4-2-6　拆下玻璃水壶

图 4-2-7　拆卸风窗玻璃洗涤泵

风窗玻璃洗涤泵（喷水电动机）结构、功用、工作原理	
图示	
结构	风窗玻璃洗涤泵俗称喷水电动机，由直流电动机和离心泵构成
功用	风窗玻璃洗涤液（玻璃水）循环的动力源
工作原理	通过电动机转动形成一定的压力，通过塑料软管和喷嘴将风窗玻璃洗涤液喷洒到风窗玻璃表面。当风窗玻璃上有灰尘或者污物时，先开动洗涤泵，将风窗玻璃洗涤液喷到刮水器刮片的上部，湿润玻璃，然后开动刮水器，将玻璃上灰尘或者污物刮掉

学习笔记

任务测评

一、知识测评

确定本任务关键词，按重要程度进行关键词排序并举例解读。

根据自己对重要信息捕捉、排序、表达、创新和划分权重能力进行自评，满分 100 分（见表 4-2-2）。

表 4-2-2　拆装刮水电动机、风窗玻璃洗涤泵知识测评表

序号	关键词	举例解读	评分自定
1			
2			
3			
4			
5			
总分			

二、能力测评

对表 4-2-3 所列作业内容，操作规范即得分，操作错误或未进行操作即零分。

表 4-2-3　拆装刮水电动机、风窗玻璃洗涤泵能力测评表

序号	作业内容	配分	得分
1	刮水器刮片维修定位操作	20	
2	刮水电动机总成拆装	20	
3	刮水电动机联动机构拆装	20	
4	转向盘及刮水器组合开关拆装	20	
5	风窗玻璃洗涤泵拆装	20	
总分		100	

三、素养测评

对表 4-2-4 所列素养点，做到即得分，未做到即零分。

表 4-2-4　拆装刮水电动机、风窗玻璃洗涤泵素养测评表

序号	素养点	配分	得分
1	安全、环保意识	20	
2	标准、规范意识	20	
3	5S 意识	20	
4	团队协作精神	20	
5	自主学习精神	20	
总分		100	

四、拓展训练

（1）请列举拆装刮水电动机及风窗玻璃洗涤泵时易出现的问题，分析产生问题的原因并制定解决问题的措施（满分 25 分）。

（2）在启动喷水电动机进行风窗清洗时，发现喷出的洗涤液无力量且喷洒不均匀，试根据现象制定检测流程（满分 25 分）。

（3）请按照图 4-2-8 所示思维导图格式，对拆装刮水电动机、风窗琉璃洗涤泵的学习收获进行总结，同时组织不低于七名同学组成一组，自命为主持人，运用头脑风暴法对刮水器性能提出改进意见，汇总并梳理出最可能实现的三种可能（满分 50 分）。

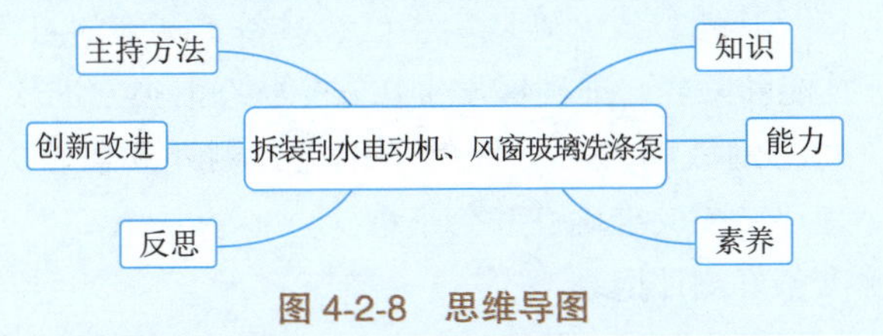

图 4-2-8　思维导图

视频

4-4 刮水电动机的拆装与检修

视频

4-5 刮水器刮片的更换与调整

学习笔记

学习考评

一、考评项目

根据所学，请对 2007 款捷达 1.6L 轿车车门总成及玻璃升降器、刮水电动机、风窗洗涤泵进行检修。

二、实施准备

1. 学生准备

学生按照教学进度计划，已经完成了以下学习任务并达到了 75 分以上，可进行该学习考评的实施。

（1）理解并掌握学习考评需要的相关知识和方法，得分大于 75 分。

（2）运用学习考评需要的相关知识和方法进行作业，得分大于 75 分。

（3）按时、按质、按量完成相应作业，得分大于 80 分。

（4）具有自觉遵守技术标准和要求规定、规范操作、安全、环保、“5S”作业、团结协作的好习惯，得分大于 80 分。

（5）能制定 2007 款捷达 1.6L 轿车车门总成及玻璃升降器、刮水电动机、风窗洗涤泵拆装流程。

2. 教师准备

（1）在安排学生实施学习考评前，通过课堂问题研讨、作业、实训和考核及其他方式，确认学生已经具备了实施学习考评所需的知识、技能和素养，并确保学生在安全状态下独立进行。

（2）对协助教师进行测评的学生进行测评和监督方法的培训，确保测评结果的准确性和公平性。

（3）准备好测评记录。

三、验证方法与标准

1. 每位测评人员负责对两名学生进行定点、全过程的监控和测评。

2. 详细记录学生在实施学习考评过程中的相关信息、数据、结果、操作方法、完成时间，以及出现错误、事故等情况。

3. 学习考评的作业过程和数据记录等，要求在 60 min 内完成。

4. 考评内容及评分标准见下表。

考评内容及评分标准

评分项	得分条件	评分标准	配分	得分
安全 /5S/ 态度	（1）能进行工位 5S 操作（5 分）。 （2）能进行设备和工具安全检查（3 分）。 （3）能进行工具清洁、校准、存放操作（3 分）。 （4）能进行三不落地操作（4 分）	依据得分条件进行评分	15	
专业技能能力	（1）能够拆卸电动车窗主控制开关（7 分）。 （2）能够检查车窗控制开关是否正常（7 分）。 （3）能够检查刮水器电动机是否工作正常（6 分）。 （4）能够拆装车门内护板（7 分）。 （5）能够拆装内护板内衬（6 分）。 （6）能够拆装玻璃升降器（7 分）。 （7）能够拆卸刮水电动机（5 分）。 （8）能够用扭力扳手正确锁紧螺母（5 分）	依据得分条件进行评分	50	

学习笔记

续表

评分项	得分条件	评分标准	配分	得分
资料、信息查询能力	（1）能正确使用维修手册查询资料（2分）。 （2）能在规定时间内查询所需资料（3分）。 （3）能正确记录所查询资料章节页码（2分）。 （4）能正确记录所需维修信息（3分）	依据得分条件进行评分	10	
工具使用	（1）能正确选用维修工具(2分)。 （2）能正确使用维修工具拆装（2分）。 （3）能正确使用卡簧钳(2分)。 （4）能正确使用专用工具(2分)。 （5）能熟练使用办公软件（2分）	依据得分条件进行评分	10	
数据判读和分析能力	（1）能通过万用表来判断电动车窗主控开关的电压值是否正常（5分）。 （2）能通过万用表来判断刮水电动机工作是否正常（5分）	依据得分条件进行评分	10	
表单填写与报告的撰写能力	（1）语句通顺（2分）。 （2）无错别字（1分）。 （3）无抄袭（2分）	依据得分条件进行评分	5	
合计			100	

四、考评报告

说明：考评分为理论考评和实操考评，理论考评根据项目要求以及考评模板格式制定项目实施方案，方案经教师审核合格后，方可进行实操考核。考评报告模板详见附录A。

学习笔记

拓展阅读——汽车发展史中的各种车门

汽车发展过程就是一部精彩纷呈的创新史，小小的车门也演化出了超越想象的各种方式，一次又一次令人惊叹不已。除了常见的车门外，下面一起来领略一下关于车门的奇思妙想。

鸥翼门

1954 年，奔驰 300SL 第一次用到了鸥翼门的车型，这种酷炫的开门方式，最初却完全是出于安全的考虑。因为对于采用罐状车架的奔驰 300SL 来说，为了保证车身刚度，就在车辆底盘的左右两侧安装了两根粗壮的平行梁，这样一来传统的车门就无法正常安装，而鸥翼门就成了唯一的选择。

蝴蝶门

1967 年，阿尔法·罗密欧首次采用蝴蝶门的车型量产，现在法拉利和迈凯轮是蝴蝶门的拥护者。因为铰链位置的缘故使得车门打开后像是蝴蝶张开翅膀，因此而得名。

剪刀门

1968 年，阿尔法·罗密欧推出了配备剪刀门轿车，其在开启时不会对向前运动的后方车辆和行人造成伤害，剪刀门的铰链安装位置与传统车门一样，因此不受车身形式的影响，敞篷车也可以采用。

上述车门的外形如下图所示。

鸥翼门

蝴蝶门

剪刀门

思考：令人心动的汽车车门不止这三种方式，请你再查找不低于五种形式的车门，仔细体会其中的创新力量。

学习笔记

学习笔记

附录A 学习考评报告

考评报告1

<table>
<tr><td colspan="2">项目名称：拆装发动机整机</td><td colspan="4">考核时间：理论（90 min）+实操（90 min）</td></tr>
<tr><td>姓名：</td><td>班级：</td><td colspan="2">学号：</td><td colspan="2" rowspan="3">教师签字：</td></tr>
<tr><td>自评：□合格 □不合格</td><td>互评：□合格 □不合格</td><td colspan="2">师评：□合格 □不合格</td></tr>
<tr><td>日期：</td><td>日期：</td><td colspan="2">日期：</td></tr>
<tr><td colspan="6">检修方案</td></tr>
<tr><td colspan="6">第一部分 车辆信息记录</td></tr>
<tr><td>品牌</td><td></td><td>整车型号</td><td></td><td>生产日期</td><td></td></tr>
<tr><td>发动机型号</td><td></td><td>发动机排量</td><td></td><td>行驶里程</td><td></td></tr>
<tr><td>车辆识别码</td><td colspan="5"></td></tr>
</table>

第二部分 场地安全、设备设施和工量辅具准备

序号	名称	规格	数量
1			
2			
3			
4			

第三部分 检修项目

序号	检测项目	检测数据	标准值或极限值	检查结果	维修措施
1					
2					
3					

第四部分 更换和调整资料查询记录

序号	作业项目	紧固和调整标准
1		
2		
3		
4		

第五部分 项目总结

学习笔记

学习笔记

考评报告 2

<table>
<tr><td colspan="3">项目名称：拆装汽车底盘系统</td><td colspan="2">考核时间：理论（90 min）+ 实操（90 min）</td></tr>
<tr><td>姓名：</td><td>班级：</td><td>学号：</td><td rowspan="3" colspan="2">教师签字：</td></tr>
<tr><td>自评：□合格
□不合格</td><td>互评：□合格
□不合格</td><td>师评：□合格
□不合格</td></tr>
<tr><td>日期：</td><td>日期：</td><td>日期：</td></tr>
</table>

<table>
<tr><td colspan="6">检修方案</td></tr>
<tr><td colspan="6">第一部分　车辆信息记录</td></tr>
<tr><td>品牌</td><td></td><td>整车型号</td><td></td><td>生产日期</td><td></td></tr>
<tr><td>发动机型号</td><td></td><td>发动机排量</td><td></td><td>行驶里程</td><td></td></tr>
<tr><td>车辆识别码</td><td colspan="5"></td></tr>
</table>

<table>
<tr><td colspan="4">第二部分　场地安全、设备设施和工量辅具准备</td></tr>
<tr><td>序号</td><td>名称</td><td>规格</td><td>数量</td></tr>
<tr><td>1</td><td></td><td></td><td></td></tr>
<tr><td>2</td><td></td><td></td><td></td></tr>
<tr><td>3</td><td></td><td></td><td></td></tr>
<tr><td>4</td><td></td><td></td><td></td></tr>
</table>

<table>
<tr><td colspan="6">第三部分　检修项目</td></tr>
<tr><td>序号</td><td>检测项目</td><td>检测数据</td><td>标准值或极限值</td><td>检查结果</td><td>维修措施</td></tr>
<tr><td>1</td><td></td><td></td><td></td><td></td><td></td></tr>
<tr><td>2</td><td></td><td></td><td></td><td></td><td></td></tr>
<tr><td>3</td><td></td><td></td><td></td><td></td><td></td></tr>
</table>

<table>
<tr><td colspan="3">第四部分　更换和调整资料查询记录</td></tr>
<tr><td>序号</td><td>作业项目</td><td>紧固和调整标准</td></tr>
<tr><td>1</td><td></td><td></td></tr>
<tr><td>2</td><td></td><td></td></tr>
<tr><td>3</td><td></td><td></td></tr>
<tr><td>4</td><td></td><td></td></tr>
<tr><td colspan="3">第五部分　项目总结</td></tr>
<tr><td colspan="3"></td></tr>
</table>

学习笔记

考评报告 3

<table>
<tr><td colspan="2">项目名称：拆装汽车电器系统</td><td colspan="2">考核时间：理论（90 min）+ 实操（90 min）</td></tr>
<tr><td>姓名：</td><td>班级：</td><td>学号：</td><td rowspan="3">教师签字：</td></tr>
<tr><td>自评：□合格
□不合格</td><td>互评：□合格
□不合格</td><td>师评：□合格
□不合格</td></tr>
<tr><td>日期：</td><td>日期：</td><td>日期：</td></tr>
<tr><td colspan="4">检修方案</td></tr>
</table>

第一部分　车辆信息记录

品牌		整车型号		生产日期	
发动机型号		发动机排量		行驶里程	
车辆识别码					

第二部分　场地安全、设备设施和工量辅具准备

序号	名称	规格	数量
1			
2			
3			
4			

第三部分　检修项目

序号	检测项目	检测数据	标准值或极限值	检查结果	维修措施
1					
2					
3					

第四部分　更换和调整资料查询记录

序号	作业项目	紧固和调整标准
1		
2		
3		
4		

第五部分　项目总结

学习笔记

考评报告 4

<table>
<tr><td colspan="2">项目名称：拆装汽车附属设施</td><td colspan="2">考核时间：理论（90 min）+ 实操（90 min）</td></tr>
<tr><td>姓名：</td><td>班级：</td><td>学号：</td><td rowspan="3">教师签字：</td></tr>
<tr><td>自评：□合格
□不合格</td><td>互评：□合格
□不合格</td><td>师评：□合格
□不合格</td></tr>
<tr><td>日期：</td><td>日期：</td><td>日期：</td></tr>
</table>

<table>
<tr><td colspan="6">检修方案</td></tr>
<tr><td colspan="6">第一部分　车辆信息记录</td></tr>
<tr><td>品牌</td><td></td><td>整车型号</td><td></td><td>生产日期</td><td></td></tr>
<tr><td>发动机型号</td><td></td><td>发动机排量</td><td></td><td>行驶里程</td><td></td></tr>
<tr><td>车辆识别码</td><td colspan="5"></td></tr>
</table>

<table>
<tr><td colspan="4">第二部分　场地安全、设备设施和工量辅具准备</td></tr>
<tr><td>序号</td><td>名称</td><td>规格</td><td>数量</td></tr>
<tr><td>1</td><td></td><td></td><td></td></tr>
<tr><td>2</td><td></td><td></td><td></td></tr>
<tr><td>3</td><td></td><td></td><td></td></tr>
<tr><td>4</td><td></td><td></td><td></td></tr>
</table>

<table>
<tr><td colspan="6">第三部分　检修项目</td></tr>
<tr><td>序号</td><td>检测项目</td><td>检测数据</td><td>标准值或极限值</td><td>检查结果</td><td>维修措施</td></tr>
<tr><td>1</td><td></td><td></td><td></td><td></td><td></td></tr>
<tr><td>2</td><td></td><td></td><td></td><td></td><td></td></tr>
<tr><td>3</td><td></td><td></td><td></td><td></td><td></td></tr>
</table>

<table>
<tr><td colspan="3">第四部分　更换和调整资料查询记录</td></tr>
<tr><td>序号</td><td>作业项目</td><td>紧固和调整标准</td></tr>
<tr><td>1</td><td></td><td></td></tr>
<tr><td>2</td><td></td><td></td></tr>
<tr><td>3</td><td></td><td></td></tr>
<tr><td>4</td><td></td><td></td></tr>
<tr><td colspan="3">第五部分　项目总结</td></tr>
<tr><td colspan="3"></td></tr>
</table>

附录 B　知识拓展

项目一　知识拓展

1. 双顶置凸轮轴正时带车型正时调整

下面以市面上常见的大众 EA211 系列发动机为例来进行介绍。使用 EA211 发动机的车型有：上海大众斯柯达明锐、一汽大众高尔夫、上海大众。全新的 EA211 系列发动机采用了全铝材质打造，由于新发动机内部摩擦和消耗的降低，以及更加优化的热量管理系统，使得 EA211 发动机的燃油消耗较之前的机型更为降低。更为重要的是，EA211 发动机恢复了正时带的配置，这一改变主要是为了降低发动机内部的功率消耗和噪声，如图 B-1 所示。

图 B-1　EA211 发动机

2. 正时链条车型正时调整

橡胶材质的正时带随着发动机工作时间增加，正时带以及其他附件，如张紧轮、张紧器和水泵等都会发生磨损或老化。因此，凡是装有正时带的发动机，厂家都会有严格要求，在规定的周期内定期更换正时带及附件（一般为 60 000 km 以上。80 000 km 以内必须更换）。而由强度较大的钢材所制成正时链条则可将这一问题迎刃而解，众所周知，金属的强度要远远大于橡胶，这就使得其变形程度随之大大降低，跳齿和断裂现象的发生概率也是微乎其微。这里以 EA888 型发动机为例来介绍正时链条的调整方法。

正时链条与正时带相比具有的优点：首先，对于厂家来说，生产正时链条的成本要明显高于正时带，并且由于链条都是终身免维护的，因而厂家这部分的后期效益也会随之降低，另外，正时链条相比带还会对发动机动力性产生一定影响（主要是噪声大）。再从消费者角度考虑，由于正时带以预防性更换为主，一般在未达到厂家规定使用期限时就要更换，而且使用寿命短，更换频率高。而正时链条的寿命长，更无须预防性更换，只有当链条使用过久变形产生异响时才需要进行更换。需用专用计算机查看配气相位角（–3° ～ +3° 之间为正常）。

3. 双顶置凸轮轴车型配气机构调整

以大众朗逸 EA211 发动机双顶置凸轮轴配气机构为例来介绍具备双顶置凸轮轴配气机构的特性。另外，将奥迪 A6L 大众 EA888 三代发动机配气机构的气门弹簧与 EA211 发动机气门弹簧不同之处做以详细对比介绍。

EA211 具备整体式气缸盖罩壳：凸轮轴和气缸盖罩壳集成为一体，凸轮和凸轮轴与气缸盖罩壳是在专用装备夹具上在特定的

学习笔记

学习笔记

温度条件下装配的。EA211的凸轮轴不能从气缸盖罩壳中拆出来，凸轮轴前端轴承改为滚珠轴承，可减少摩擦、降低油耗，如图B-2所示。

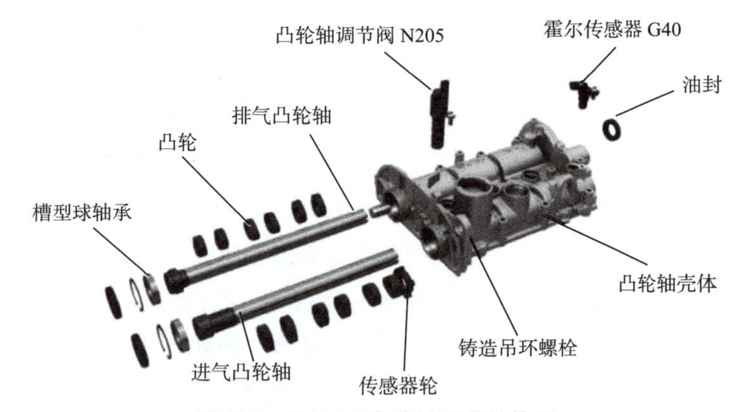

图 B-2　EA211 发动机罩盖结构图

1.6MPI 发动机进气凸轮轴装有 VVT（可变气门正时）机构。正时链条改为正时带，使用寿命可达 300 000 km，噪声低（首次保养 90 000 km，之后每 30 000 km 检查，必要时更换），如图 B-3 所示。

正时罩盖由 EA111 发动机的整体式铝压铸件改为三个零件组成，包括两个塑料件和一个中间罩盖铝压铸件，减轻了质量。

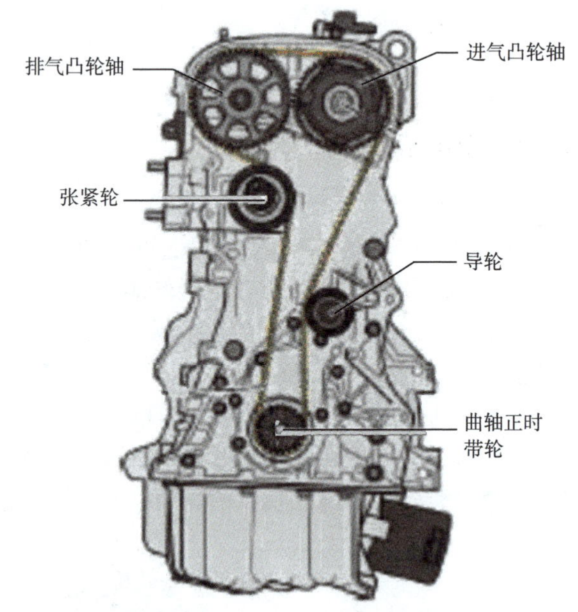

图 B-3　EA211 发动机正时机构

气缸盖集成了排气歧管，取消了铸铁排气歧管，减轻了质量。沿用 EA111 发动机的四气门技术，滚珠摇臂式气门运动机构带液压挺杆。

排气歧管（见图 B-4）集成在气缸盖上，减小尺寸，减轻质量，缩短起燃时间，从而有利于排放优化。横流式气缸盖可使冷却液从进气侧通过燃烧室流入排气侧。排气侧分成两个区域，一个在排气歧管上面，另一个在排气歧管下面，冷却液流经多个排气口并吸收热量，从气缸盖流入节温器壳体，并与剩余的冷却液汇合。凸轮轴与轴承支撑轴径减小，采用了一个滚珠轴承、气门杆直径为 5 mm。

排气相位调整角度为 40°。曲轴转角如图 B-5 所示。

学习笔记

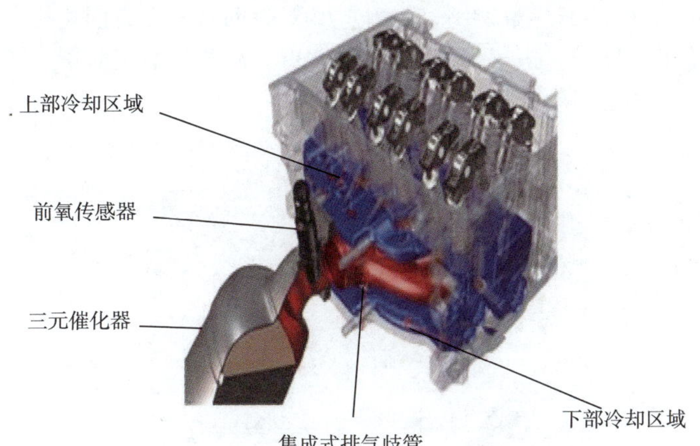

图 B-4　EA211 发动机排气歧管

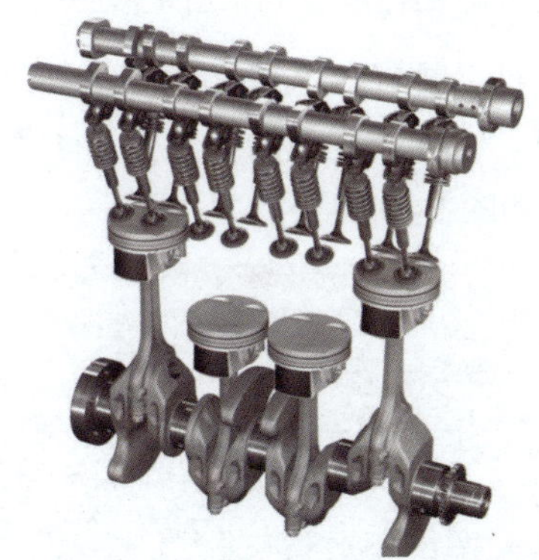

图 B-5　EA211 发动机凸轮轴驱动曲轴转角

EA211 发动机正时专用套装是维修技师必备的专用工具系列，广泛用于装配 EA211 发动机的朗逸等车型，如图 B-6 所示。

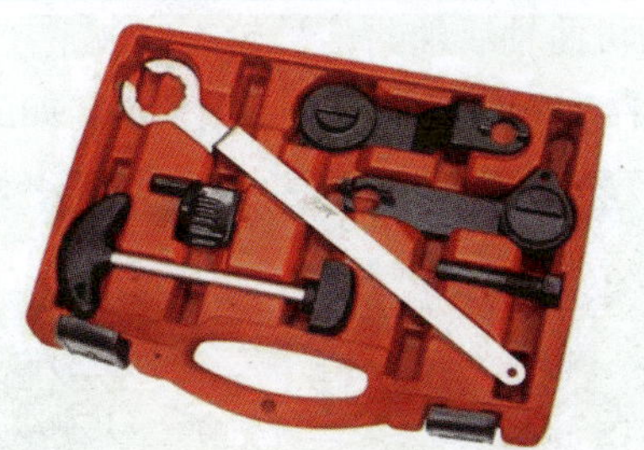

图 B-6　EA211 发动机正时专用套装

正时调整工具如图 B-7~ 图 B-10 所示。

图 B-7　EA211 发动机凸轮轴正时对正工具

图 B-8　EA211 发动机正时带挤压工具

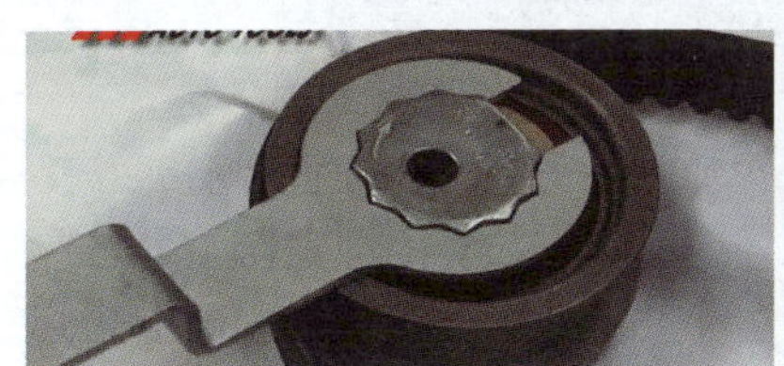

图 B-9　EA211 发动机张紧轮专用工具

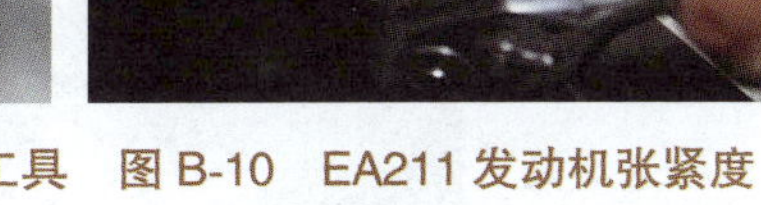

图 B-10　EA211 发动机张紧度调整工具

学习笔记

EA211 发动机曲轴后油封信号轮正时调整：信号轮上的平齿到曲轴位置传感器中间位置正好是十四个齿，如图 B-11 所示。

图 B-11　EA211 发动机曲轴后油封信号轮正时调整

曲轴正时齿轮正时调整：正时齿轮上的正时点与后面正时壳正时标记在一条直线上，如图 B-12 所示。

图 B-12　EA211 发动机曲轴正时齿轮调整

进气凸轮与排气凸轮带轮中间 12 点方向及 9 点方向均用白色记号笔进行标记，进气凸轮轴带轮 12 点方向与后面正时罩壳正时标记在一条直线上，如图 B-13 所示。

图 B-13　EA211 发动机凸轮轴正时对正

EA211 发动机进、排气门区分如下：进气门短，排气门长，且进气门上疏下密，也就是下面的螺距要比上面的窄；而排气门的螺距是均匀的，如图 B-14 所示。

图 B-14　EA211 发动机进、排气门弹簧

学习笔记

项目二　知识拓展

前面叙述了手动变速器的拆装过程，在目前市场上市售的车型中，大量的汽车装配了各种自动变速器，在这里进行介绍。

自动变速器是集机、电、液一体化控制的复杂系统，目前常见装配于汽车中的有三种自动变速器：CVT（机械无级变速器）、DCT（双离合器变速器）、AT（自动液力变速器）。下面着重介绍CVT和AT。

1. CVT 简介

无论何种自动变速器，其操纵手柄的样式基本一样，如图 B-15 所示。

图 B-15　自动变速器操纵手柄

2. 斯巴鲁森林人 CVT

链轮是由主动轮、从动轮组成的。通过链轮液压室产生的压力，带动链条运转，链轮、链轮斜面与链条之间摩擦产生的摩擦力作为动力传输出去。通过控制主动轮以及从动轮的油压，改变链轮的直径以实现无级变速。而且，通过增大变速比的范围，同时改善了行驶性能以及燃油经济性。在链轮两侧都设置了导轨，抑制链条的振动，减少噪声。

斯巴鲁森林人 CVT 内部结构如图 B-16、图 B-17 所示。

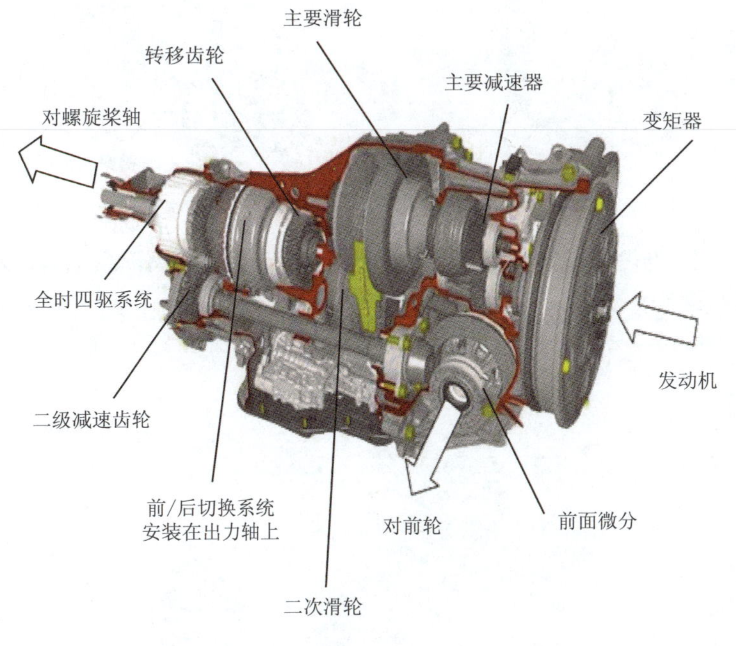

图 B-16　斯巴鲁森林人 CVT 内部结构 1

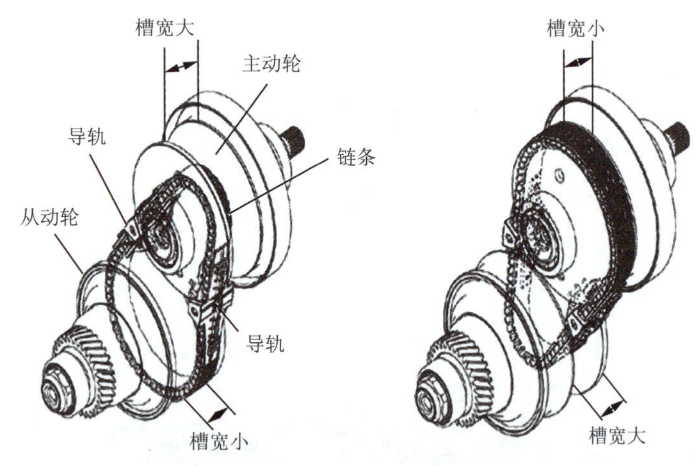

图 B-17 斯巴鲁森林人 CVT 内部结构 2

链条式金属带具有直接接触带轮、传递扭矩的摇臂销，以及连接多个摇臂销以构成链条的连接板，如图 B-18 所示。

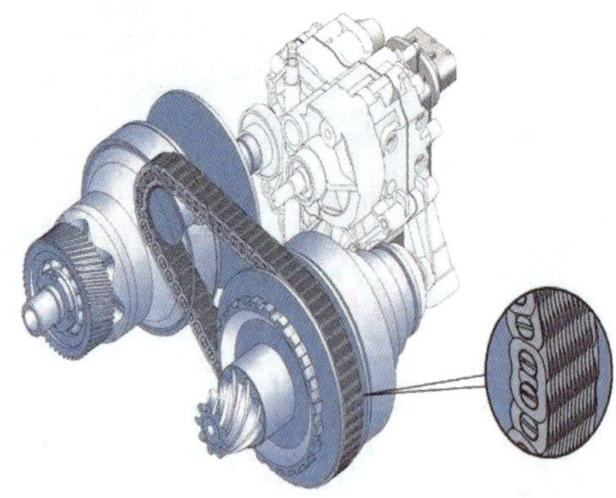

图 B-18 斯巴鲁森林人 CVT 链条式金属带

环形钢带的作用是将推片压紧在带轮的 V 形槽上，使推片与带轮间产生足够的摩擦力。推片可以在钢带的直线段纵向滑动，推片的作用是通过挤压的推力传递扭矩，如图 B-19 所示。

图 B-19 斯巴鲁森林人 CVT 环形钢带（LUK 舍弗勒钢带）

链式传动带相对于传动的钢片堆叠式的传动带，在让变速器拥有同等扭矩容量的情况下，可以减少卷绕直径，从而让整个变速器的体积小型化成为可能。同时，相对传统形式的传动带，传动损失也更小，传动效率可以进一步提高，更充分发挥 CVT 本身的优势，如图 B-20 所示。

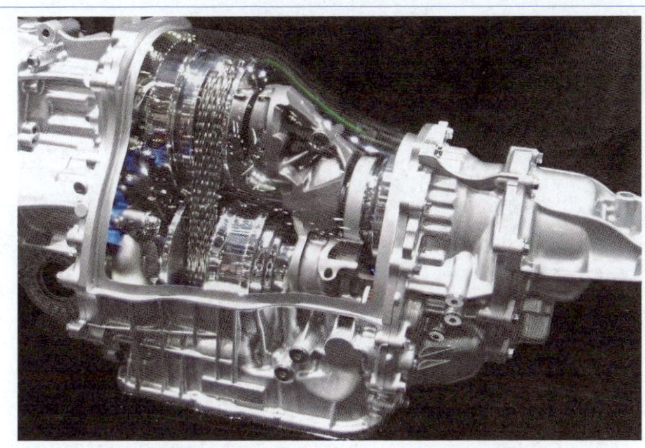

图 B-20　斯巴鲁森林人 CVT 链式传动带

3. 采用日本爱信 AW 技术的 CVT

下面以上汽荣威 Rx3 所搭载的日本爱信 AW 技术的 CVT 作为目标车型，来简要介绍一下此款 CVT，如图 B-21 所示。

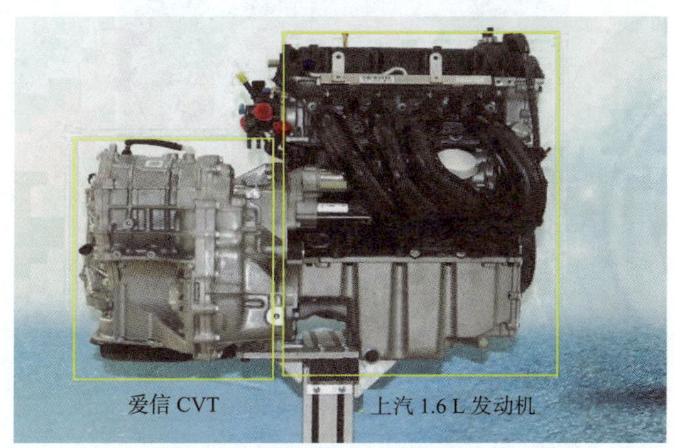

图 B-21　爱信 CVT 与发动机连接

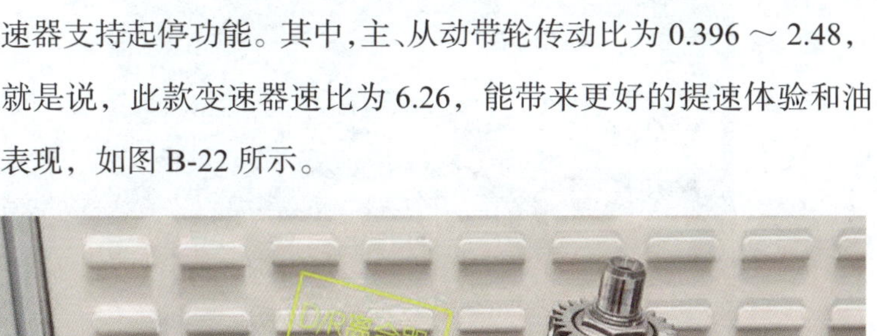

此款变速器的两轴中心距为 185 mm，总质量为 74.6 kg，且变速器支持起停功能。其中，主、从动带轮传动比为 0.396 ～ 2.48，也就是说，此款变速器速比为 6.26，能带来更好的提速体验和油耗表现，如图 B-22 所示。

图 B-22　爱信 CVT 两轴

TCU（变速器控制单元）根据车速、加速踏板信号、驾驶模式等信息，控制前进挡 / 倒挡离合器实现前进、后退和动力中断，再通过改变带轮机构的工作半径来实现无级变速功能，如图 B-23 所示。

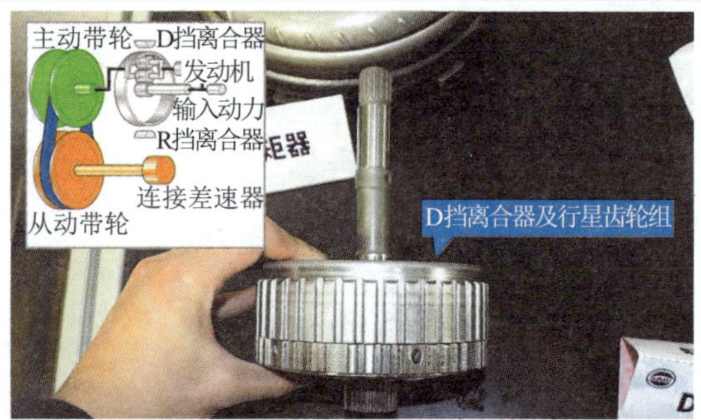

图 B-23　爱信 CVT D 挡离合器及行星齿轮组

CX18 上所搭载的液力变矩器在结构上与 AT 上的液力变矩器相类似，主要用来传递以及增大发动机扭矩。这款液力变矩器最大变矩比为 1.69，也就是说，能够把发动机传递过来的输入扭矩放大 1.69 倍，如图 B-24 所示。

图 B-24　爱信 CVT 液力变矩器

机械油泵也是这款 CVT 的亮点之一。采用了同轴双排出口油泵（内啮合齿轮泵），能够提高 2% 的燃油经济性。机械油泵安装在液力变矩器输出端的位置，由飞轮通过液力变矩器的壳体直接驱动，如图 B-25 所示。

图 B-25　爱信 CVT 机械油泵

对于 CVT 的油底壳结构，当从车上拆下来后，里面有两块磁铁，便于吸附铁屑。由于油底壳的设计与手动变速器油底壳有较大的不同，所以 CVT 换油要采用机器更换，一般不要用重力更换法，如图 B-26 所示。

图 B-26　爱信 CVT 油底壳

CVT 除了下方油泵的大孔径滤网外，在上面还有一个纸质滤芯，用于过滤。其精度与机油滤芯相似，用于过滤铁屑以外的其他碎屑，如图 B-27 所示。

学习笔记

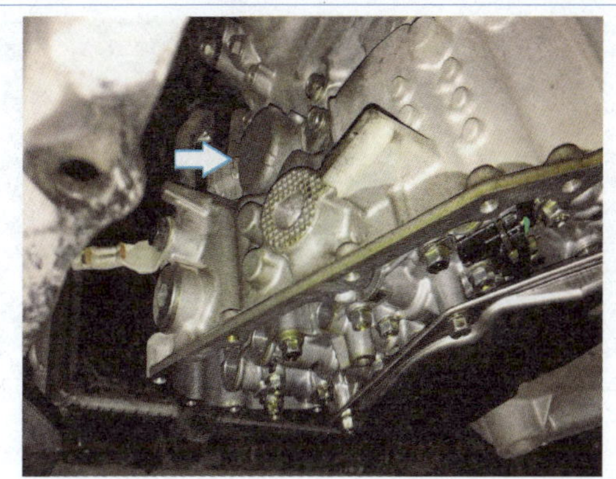
图 B-27 爱信 CVT 滤网滤芯安装位置

4. AT

下面以目前纵置 8 速自动变速器，简称 8AT）最主要的供应商——德国采埃孚（ZF）集团的产品为例，对 8AT 进行介绍。采埃孚并不是唯一提供 8 速自动变速器的厂商。日本爱信旗下的爱信 AW（Aisin-Warner）其实在更早的时候就为雷克萨斯 LS 系列匹配了 8AT，但是采埃孚却后来居上，匹配的品牌及产品已经横跨欧美，成为市场上 8AT 的主流。从成功角度上来说，目前 ZF 8AT 算得上业内最好的变速器，一方面可靠性表现非常出色，另一方面产品选择面非常广泛，生产、设计、调教技术都非常稳定。以笔者所在的东北地区为例，冬季漫长且寒冷，长时间在外停放的汽车冷起动时，如采用 CVT 就会出现低温保护现象不易着车且着车后挂挡易打滑不走车，而 ZF 8AT 就不会出现这种现象，如图 B-28 所示。

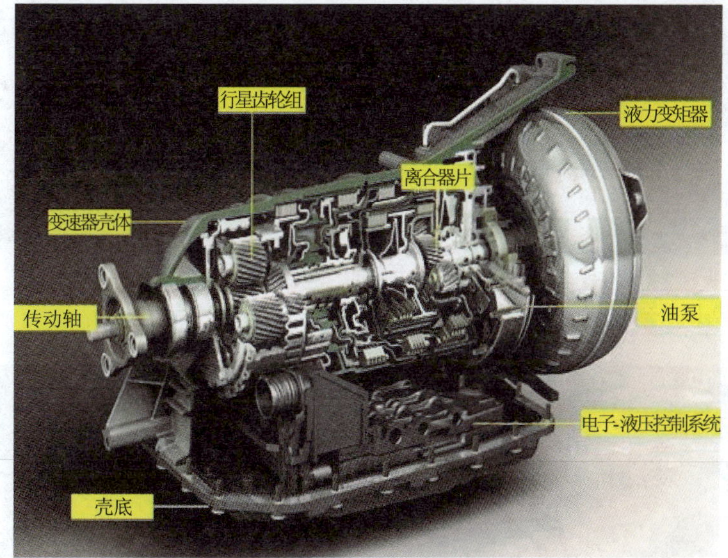

图 B-28 ZF 8AT

5. ZF 8AT 拆卸认知操作

（1）在 ZF 8AT 上找到拖车时的解锁螺钉，把螺钉拧到底顶动杠杆，进行解锁，如图 B-29 所示。

（2）认识变速器尾部输出动力三角法兰及后驱的传动轴，二者是相连的。

（3）变速器加油口螺钉的位置，如图 B-30 所示。

（4）在 ZF 8AT 上，前部是连接发动机的位置，里面安装的是液力变矩器，如图 B-31 所示。

（5）拆下油底壳的螺钉，油底壳在更换变速器油时要同时更换。

（6）变速器油底壳上的变速器油滤芯位置，如图 B-32 所示。

学习笔记

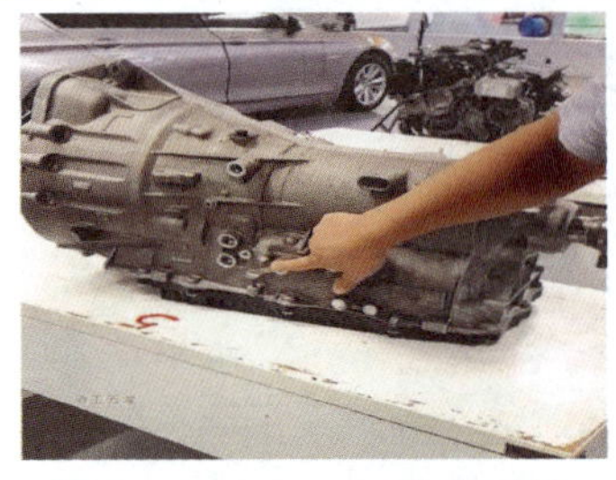
图 B-29 ZF 8AT 拖车时的解锁螺钉

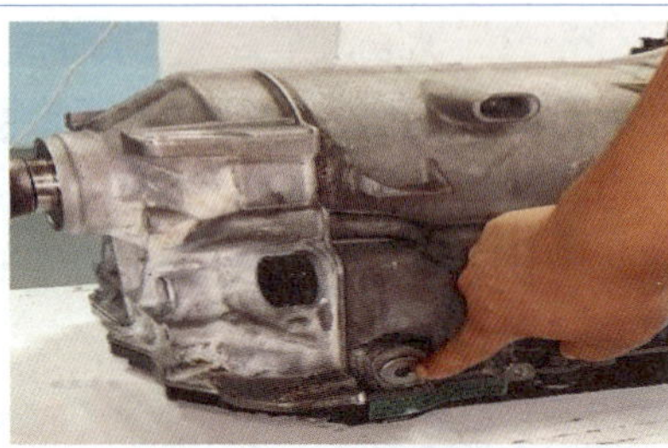
图 B-30 变速器加油口螺钉的位置

图 B-31 ZF 8AT 液力变矩器

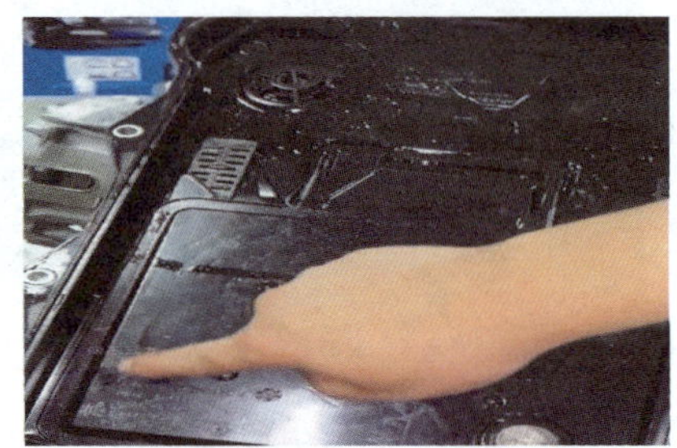
图 B-32 变速器油滤芯位置

（7）油底壳放油口螺钉位置，如图 B-33 所示。

（8）拆卸固定阀板的螺钉，这里要特别注意：固定阀板的螺钉与分解阀板的螺钉有区别，固定阀板的螺钉呈黑色，分解阀板的螺钉呈银白色。另外，要注意拆解的螺钉长短、直径与所对应的螺钉孔位置的关系，可用记号笔予以标记。变速器阀板的作用是控制不同的油道，最终控制所有执行元件、离合器的分组结合，从而实现 1 挡～ 8 挡和倒挡输出，如图 B-34 所示。

图 B-33 油底壳放油口螺钉位置

图 B-34 变速器阀板螺钉

（9）拆卸电动油泵。变速器用了两个油泵：一个是电动油泵，一个是机械油泵。电动油泵用来补偿机械油泵的不足，电动油泵靠变速器油来进行散热，要特别注意其固定螺钉的长短不一，如图 B-35 所示。

（10）拆卸固定输出轴的转速传感器。

（11）松掉电动油泵下面的固定阀板的几个螺钉，松开固定变速器电脑插头的锁片，取下整个阀板。

（12）将阀板翻转过来，上面黑色部分的即是变速器电脑，如图 B-36 所示。

图 B-35 ZF 8AT 电动油泵

图 B-36 变速器电脑

（13）拆下阀板后认知行星排。变速器内部有四组单级行星排。每一组由太阳轮、行星轮、行星轮支架和齿圈组成，如图 B-37 所示。

（14）认知 P 挡解除过程。螺钉顶动杠杆，杠杆拉动拉杆，解除 P 挡锁。P 挡锁的是变速器的输出轴，最终锁止的是驱动轮，如图 B-38 所示。

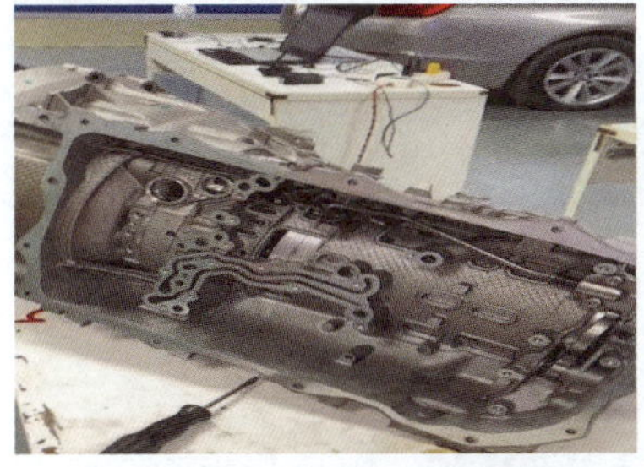
图 B-37　ZF 8AT 行星排

图 B-38　ZF 8AT P 挡解除

（15）从阀板上拆下变速器电脑。变速器电脑工作时会产生大量热量，所以要泡在变速器油里面散热，如图 B-39 所示。

（16）认知电磁阀。变速器电脑通过电磁阀来控制阀板里面的油道，如图 B-40 所示。

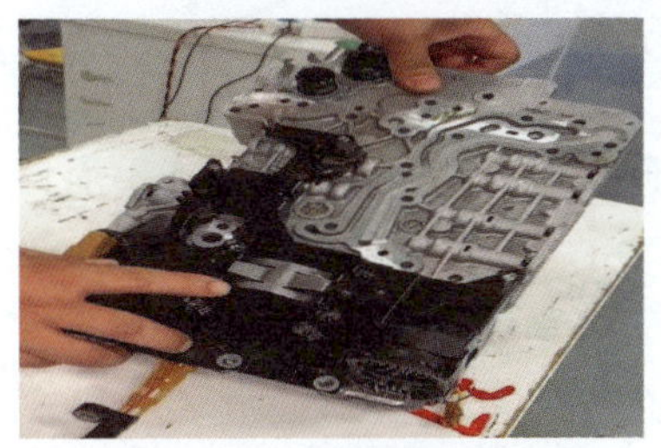
图 B-39　拆卸变速器电脑

图 B-40　变速器电磁阀

（17）用一字螺钉刀轻轻撬起变速器电脑的各个边，将电脑的接合面同时提起，拿下电脑。如果要更换变速器电脑，需要编程设码，如图 B-41 所示。

（18）由于宝马的变速杆为电子变速杆（俗称“鸡腿杆”），取消了机械拉索，所以从变速器、变速杆、发动机三者之间用了两套总线进行数据的传输。一套是 PT CAN，另一套是 PT CAN2，PT CAN2 是 PT CAN 的冗余，如图 B-42 所示。

（19）阀板上较容易出现的故障：一个是电磁阀不工作，造成不能换挡；另一个是阀板内油套堵塞，换挡顿挫冲击，所以要定期更换变速器油，周期为 80 000 ～ 100 000 km。

图 B-41　变速器电脑芯片

图 B-42　变速器电脑数据传输

项目三　知识拓展

汽车运行中，线束故障隐患的隐藏性较强，但故障危害性很大，特别是线束过热和线束短路故障，极易引发火灾。及时、快速、准确地查找线束的故障隐患，可靠地修复故障线束或正确更换线束，是汽车维修中的一项重要工作，是预防汽车火灾事故发生，保证汽车安全可靠运行的重要措施。

一、线束的功用

为使汽车线路安装方便、布局整齐，保护导线绝缘，保证汽车使用安全，将汽车上的全车线路（高压线、蓄电池电缆和起动机电缆除外）分区域用棉纱或薄聚氯乙烯带缠绕包扎成束称为线束。一般分为发动机线束、底盘线束和车身线束等。在车厢内布线时，最好采用绝缘管布线，效果较好。全车线束示意图如图 B-43 所示。

学习笔记

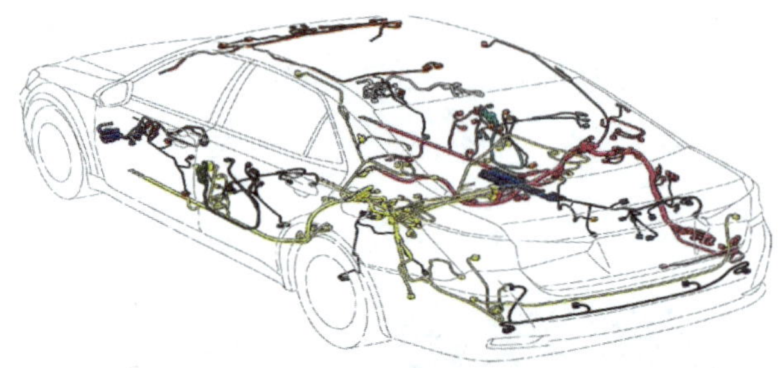

图 B-43　全车线束示意图

二、线束的构成

线束由不同规格、不同性能的导线构成。主要规格和性能要求如下：

1. 导线的截面积

根据用电设备的负载电流大小选择导线的截面积，一般原则为长时间工作的用电设备可选用实际载流量 60% 的导线，短时间工作的用电设备可选用实际载流量 60% ～ 100% 之间的导线；同时，还应考虑电路中的电压降和导线发热等情况，以免影响用电设备的电气性能和导线的允许温度。为保证一定的机械强度，一般低压导线截面积不小于 1.0 mm^2。一般来讲，主电源线（发电机电枢线、搭铁线等）要求使用 2.5 ～ 4.0 mm^2 的导线；1.0 mm^2 的导线适用于转向灯、雾灯等；1.5 mm^2 的导线适用于前照灯、喇叭等。

2. 导线的颜色

汽车电路上有颜色和编号特征。随着汽车用电设备的增加，导线数目也在不断增多，为便于识别和检修汽车电器设备，汽车电路中的低压线通常由不同的颜色组成，并在汽车电器线路图上用颜色的字母代号标注出。

在汽车电路图上通常都标注出导线的颜色代号（用一个或两个字母表示）。汽车上导线的颜色一般都不一样，常用的有单色和双色两种选用原则。我国行业标准只是规定主色，例如规定单黑色专用于搭铁线、单红色用于电源线。

3. 导线的物理性能

（1）绕曲性能。车门和跨越车身之间的导线应该由绕曲性能良好的导线构成。

（2）耐高温性能。在温度高的部位使用的导线，一般采用绝缘性和耐热性良好的氯乙烯、聚乙烯包覆的导线。

（3）屏蔽性能。近年来，微弱信号电路使用的电磁屏蔽线也不断增加。

4. 线束的包扎

（1）电缆半叠包扎法，涂绝缘漆并烘干，以增加电缆的强度和绝缘性能。

（2）新型线束，局部塑料包扎后放入侧切口的塑料波纹管内，使其强度更高，保护性能更好，查找线路故障更方便。

三、车线束故障类型

1. 自然损坏

线束使用超过了使用期，使导线老化，绝缘层破裂，机械强度显著下降，引起导线之间短路、断路、搭铁等，造成线束烧坏。线束端子氧化、变形，造成接触不良等，会引起电器设备不能正常工作。

2. 电气故障导致线束损坏

当电器设备发生过载、短路、搭铁等故障，都可能引起线束损坏。

3. 人为故障

装配或检修汽车零部件时，金属物体将线束压伤，使线束绝缘层破裂；线束位置不当；电气设备的引线位置接错；蓄电池正负极引线接反；检修电路故障时，乱接、乱剪线束的导线等，都可以引起电气设备的不正常工作，甚至烧坏线束。

学习笔记

四、线束的检查方法

1. 直观检查法

当汽车电气系统的某个部分发生故障时，会出现冒烟、火花、异响、焦臭、高温等异常现象。通过人体感觉器官的听、摸、闻、看对汽车线束及电器进行直观检查，进而判断出故障所在部位，从而大大提高了检修速度。例如，当汽车线路发生故障时，常会出现冒烟、火花、异响、焦臭、高温等异常现象。通过直观检查，可迅速判断出故障所在部位及故障性质。

2. 仪器仪表检查法

仪器仪表检查法是使用综合故障诊断仪、万用表、示波器、电流钳等仪器仪表来诊断汽车电路故障的方法。对于电控系统汽车，一般利用故障诊断仪查找故障码，来确认测量故障的范围；再使用万用表、电流钳或示波器有针对性地检查有关电路的电压、电阻、电流或波形，诊断出线束导线的故障点。

3. 试灯检查法

试灯检查法较适合检查导线短路故障情况。使用试灯检查法应注意试灯的功率不要太大，在测试电子控制器的控制输出端子是否有输出及是否有足够的输出时尤其要慎重，防止使用控制器超载损坏，最好使用二极管试灯。

4. 导线跨接检查法

导线跨接检查法即用一根导线将被怀疑有故障的线路短接后，观察仪表指针变化或电器设备工作状况，从而判断出该电路中是否存在断路或接触不良的故障。跨接是指用一根导线将电路中的两点连接起来的操作，所跨接的电路两点间的电位差为零，不是短路。

五、线束的修复

对于线束较明显处的轻微机械损伤、绝缘破损、线路短路、接线松动、导线接头锈蚀或接触不良，可以采用修复的方法进行；线束故障修复，须彻底消除故障发生的根源，杜绝故障再次发生的可能。故障常是由于导线与金属零件的振动摩擦这一根本原因而导致的。

六、线束的更换

对于线束老化、严重破损、内部导线短路或断路的故障，通常须更换线束。

1. 更换线束前的线束质量检查

为确保线束安全可靠，使用前必须严格把控，发现缺陷不得使用，防止不合格产品带来的危害。有条件的，最好使用仪器来检查。

检查内容包括：线束有无破损，插接器有无变形，端子有无锈蚀，插接器本身、线束与插接器有无接触不良，以及线束有无短路、断路的情况。

2. 排除车上所有的电器设备的故障，方可更换线束

3. 线束更换步骤

（1）准备线束拆装工具。

（2）拆卸故障车辆的蓄电池。

（3）断开与线束相连的用电设备的插接器。

（4）全程做好工作记录。

（5）松开线束固定。

（6）取下旧线束，装配新线束。

4. 检验新线束连接的正确性

线束插接器与电器设备的连接是否正确是首先要确认的，还要确保蓄电池的正负极连接无误。

检查时，可以暂时不接蓄电池的搭铁线，改用灯泡（12 V，20 W）做试灯。在此之前，车上其他的用电设备要关闭，然后在蓄电池负极与车架搭铁之间用试灯串连接。电路一旦有问题出现，试灯就开始变亮。

当电路的故障排除之后，把灯泡取下来，用一只容量为 30 A 的熔丝串联在蓄电池负极与车架搭铁之间。这时的发动机不要起动，对车上相应的电源设备一个个进行接通，并且要对相关线路

学习笔记

逐一进行全面检查。

5. 通电工作检验

电器设备以及相关线路如果确认没有问题，就可以取下熔丝，连接好蓄电池搭铁线，进行通电检验。

6. 检查线束的安装

检查线束安装，确保线束安装正确、牢固。

七、汽车连接器类型

在汽车领域中，连接器的使用种类也是非常之多，如矩形弹片式电源连接器、圆形连接器、欧标连接器、矩形模块电源连接器、绝缘柱等产品。在汽车连接器这条生产线上，连接器的更换，改动应该是连接器设备中最多的。

而汽车接插件工业上应用很广泛的一种电气连接件是用公插头和与其配对的母插头的方式。其中公插头包括针座和针座中的多个插针，而母插头中设有多个供插针插入的接插孔，当母接插件插入公接插件的空腔中时，各插针分别插入相应的接插孔中，通过这种方式实现公插头和母插头的电气连接。而汽车连接器在拆卸过程中，由于电子连接器种类繁多，常规也有几十种，所以在拆卸过程中使用最常见的就是插头拆装退针器、线束挑针解锁工具。这些工具在市场上也是非常流行的。常常是 15 套装或 18 套装，基本满足所有电子连接器线束插头端子拆卸，如图 B-44、图 B-45 所示。

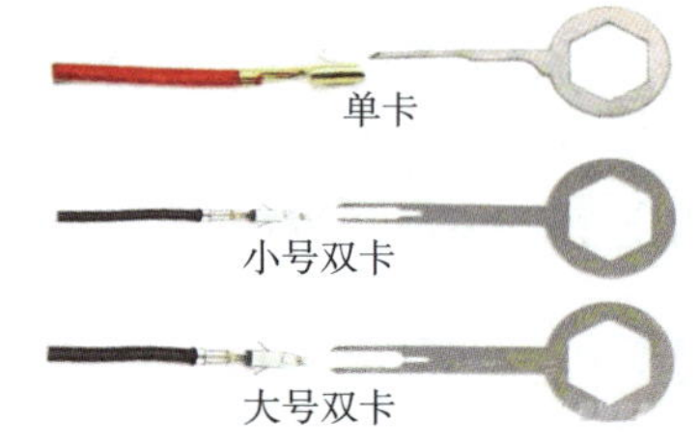

图 B-44　挑针取针解锁钥匙单双卡

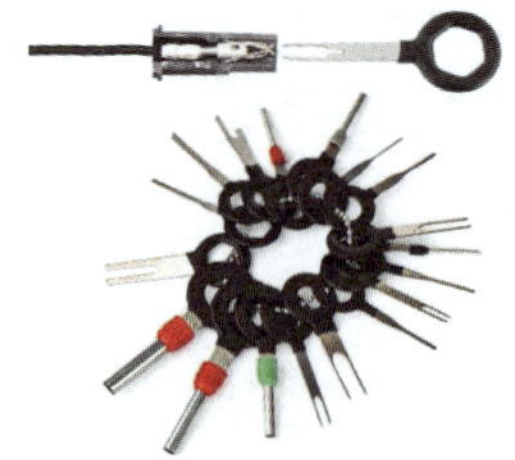
图 B-45　专用工具倒勾在端子横截面透视图

项目四　知识拓展

电动车窗开关分驾驶员侧主控开关和其他三个门控制开关。车辆在行驶到一定公里数时，偶发按主控开关时，玻璃不升降而各个门控制开关正常或者虽然升降，但动力不足、升降速度缓慢等故障现象。现以玻璃升降器开关来进行检修说明。

三线制的玻璃升降器开关由一根电源线、一根小灯线、一根信号线组成。车窗玻璃的升降是由于开关内部有几个不同的电阻，利用这几个不同的电阻值，可以得到不同的电压值，这几个不同的电压值就代表驾驶员或乘员的意愿：点动升、点动降、一键升和一键降。

检测时，将万用表打到直流 20 V 挡。用万用表测量信号线电压，测量的结果如下：

点动降电压为 0.19 V，点动升电压为 0.22 V（见图 B-46），一键降电压为 0.15 V，一键升电压为 0.26 V。通过这四个电压变化来实现电动车窗的升降操作。一键升和一键降功能的实现在出厂时已经好了。如果主控开关上有 AUTO 字样按键，就表明可以进行风窗的一键升或降操作。如果此功能操作时失效，可以按住 AUTO 键 5 s 然后释放，此功能即可激活。

图 B-46　点动升电压测量

参考文献

[1] 肖俊峰，马宁. 汽车整车拆装与维修工作页 [M]. 镇江：江苏大学出版社，2017.
[2] 赵玉梅. 汽车拆装与调整 [M]. 北京：机械工业出版社，2019.

学习笔记